HENRI LA FONTAINE,
PRIX NOBEL DE LA PAIX EN 1913

Un Belge épris de justice

HENRI LA FONTAINE,
PRIX NOBEL DE LA PAIX EN 1913

Un Belge épris de justice

mundaneum *Racine*

Sommaire

6 _ Introduction
　　Colin Archer (Bureau international de la paix)

20 _ Rencontres intellectuelles et changement social.
　　Henri La Fontaine et la Belle Époque
　　Christophe Verbruggen (Université de Gand),
　　Wouter Van Acker (Université de Gand),
　　et Daniel Laqua (Northumbria University, Newcastle)

34 _ Henri La Fontaine
　　au service du socialisme belge
　　Gwenaël Vande Vijver

52 _ Le pacifisme européen
　　au temps d'Henri La Fontaine
　　Jean-Michel Guieu (Université de Paris 1 – Panthéon-Sorbonne)

68 _ Henri La Fontaine : un internationaliste
　　précurseur d'un nouvel ordre mondial
　　Verdiana Grossi (Université de Genève)

88 _ Henri La Fontaine était-il féministe ?
　　Valérie Piette (SAGES-Université libre de Bruxelles)

104 _ Henri La Fontaine et la bibliographie.
Au service de la coopération intellectuelle
Bruno Liesen (Université libre de Bruxelles)

122 _ Un franc-maçon dans le siècle
Marinette Bruwier (Université de Mons)

136 _ Henri La Fontaine :
la vie privée d'un homme public
Jérôme Adant

154 _ Conclusion
Pierre Galand (Centre d'action laïque)
et Henri Bartholomeeusen (Fondation Henri La Fontaine)

160 _ Discours prononcé par Henri La Fontaine
à la première Assemblée de la Société des Nations en 1920

166 _ Repères chronologiques

178 _ Bibliographie sélective

188 _ Biographie des auteurs

QUATRIÈME ANNÉE. — N° 192   Le numéro : 15 centimes   JEUDI 18 DÉCEMBRE 1913.

Pourquoi Pas ?

GAZETTE HEBDOMADAIRE PARAISSANT LE JEUDI SOIR

HENRI LAFONTAINE, lauréat du prix Nobel

Introduction

Colin Archer (Secrétaire général, Bureau international de la paix)

Les jugements de l'histoire sont souvent considérés comme implacables. Les forces écrasantes du militarisme auraient ainsi vaincu les pacifistes de la première moitié du XXe siècle. Ces hommes d'idéaux militaient en faveur du désarmement et du règlement des conflits par la voie de l'arbitrage entre nations et du droit international. Ils estimaient que la haine entre les peuples pouvait être réduite, voire éliminée par des programmes de tolérance et d'éducation à la paix. Convaincus que le monde avançait sur le chemin du progrès, il n'est guère étonnant qu'ils aient été désespérés au regard des événements tragiques de la Première Guerre mondiale, de la grande dépression et de la Deuxième Guerre mondiale :

« J'entrevois la reprise des […] négociations secrètes menées à huis clos. Les peuples seront comme auparavant les moutons envoyés aux abattoirs ou dans les prairies, selon le plaisir des bergers[1]. »

« On a le sentiment d'avoir fait tant d'efforts inutiles[2]… »

Pourtant, l'histoire ne s'arrête pas là. Ces grands visionnaires, dont Henri La Fontaine figure au premier plan, ont laissé des traces importantes livrant un chemin que leurs successeurs ont suivi jusqu'à nos jours. Elles comportent non seulement des réflexions idéologiques et philosophiques profondes mais aussi plusieurs structures organisationnelles qu'ils ont œuvré à établir, telles que le Mundaneum, le Bureau international de la paix et l'Union interparlementaire. La barbarie déchaînée qui a régné pendant ces décennies de guerre et de misère a sans doute contribué à ce que les organes de gouvernance mondiale mis en place par la communauté internationale après 1945 correspondent à ceux préconisés par les pacifistes d'antan : les Nations unies, la Cour

Couverture du numéro du 18 décembre 1913 du périodique *Pourquoi pas ?* publié après l'annonce de l'attribution du prix Nobel de la paix à Henri La Fontaine

---

[1] Lettre d'Henri La Fontaine à un ami, pendant la Première Guerre mondiale – Cité dans Irwin ABRAMS, *The Nobel Peace Prize and the Laureates: an Illustrated Biographical History, 1901-1987*, Boston, 1988 (citation traduite de l'anglais).

[2] Lettre d'Henri Golay, secrétaire du Bureau international de la paix, à Henri La Fontaine, 1942 – Cité dans Sandi COOPER, *Patriotic Pacifism. Waging War on War in Europe, 1815-1914*, Oxford University Press, 1991 (citation traduite de l'anglais).

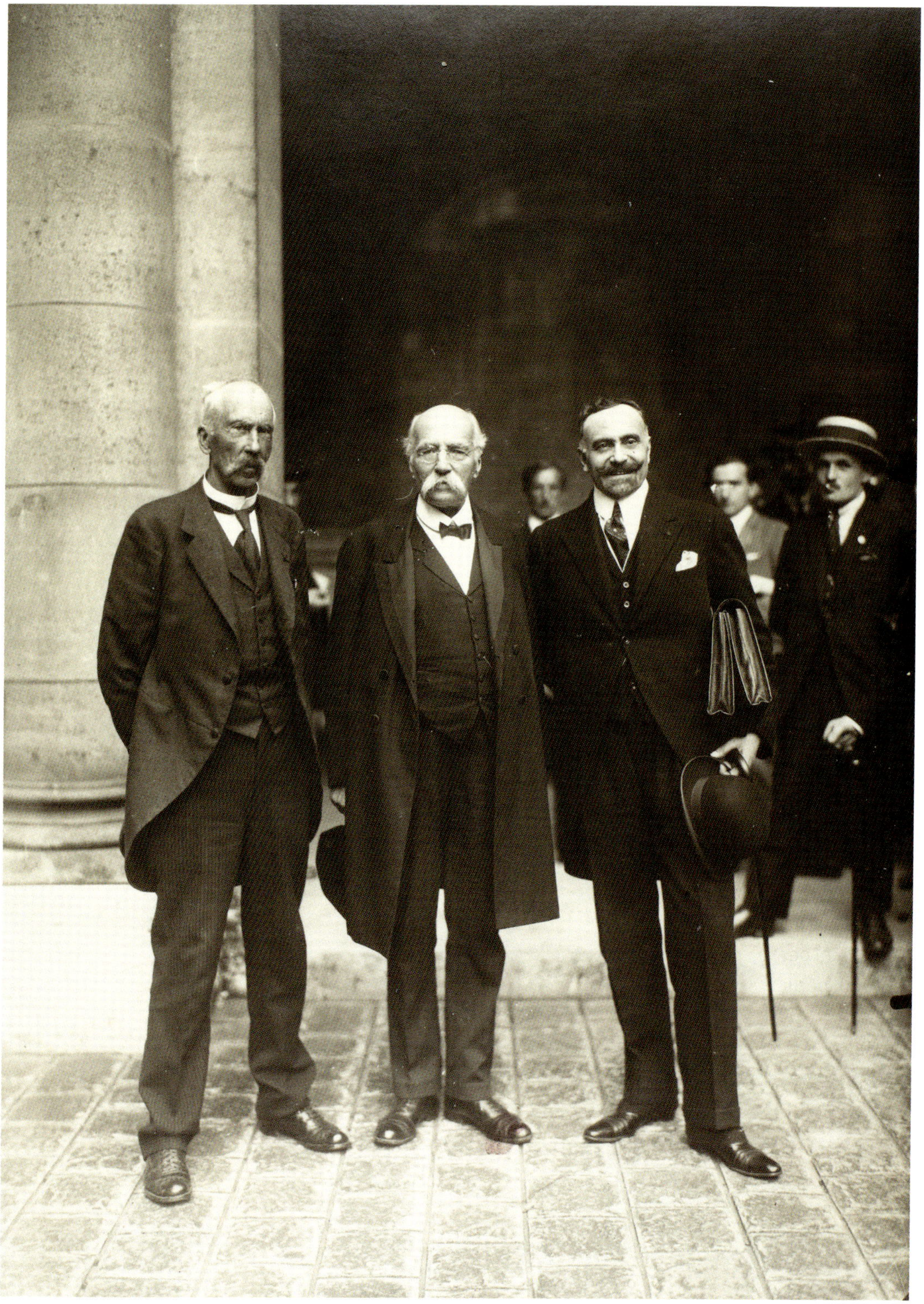

internationale de justice, les Conventions de Genève, les traités de désarmement... Et les parallèles sont bien plus nombreux, si l'on observe les progrès – du moins dans les textes et les lois – du féminisme et des droits humains en général, causes chères à la première génération des pacifistes. Les similitudes entre les propositions d'Henri La Fontaine et surtout de Paul Otlet[3] en faveur d'une bibliographie universelle et accessible et l'Internet d'aujourd'hui sont encore plus marquantes. Par contre, il faut reconnaître que les mouvements francs-maçons et socialistes, dont Henri La Fontaine était un défenseur convaincu, ont perdu leurs élans réformateurs et bon nombre d'adhérents.

Publié à l'occasion du centième anniversaire du prix Nobel que reçoit Henri La Fontaine en 1913, à la veille de la Grande Guerre qui mettra ses idéaux à très rude épreuve, ce livre a pour ambition d'étudier les multiples champs de sa vie, professionnelle et privée, afin de mieux cerner les ressorts de son énergie apparemment inépuisable et de montrer la contribution monumentale de cet homme à la survie et au progrès de l'humanité.

Carrière

La carrière d'Henri La Fontaine est marquée par un engagement permanent et une activité intense. Issu d'une famille bourgeoise établie à Bruxelles, il est très tôt imprégné des valeurs féministes et pacifistes, ainsi que de la philosophie positiviste d'Auguste Comte[4]. Pendant ses études de droit, il manifeste rapidement de l'intérêt pour les questions relatives aux relations internationales et cherche des réponses juridiques aux défis de la guerre et de la paix. Il obtient son doctorat en 1877, commence une carrière de juriste et, en parallèle, d'homme politique. Rejoignant les rangs du Parti ouvrier belge en 1894, il devient sénateur socialiste un an plus tard. Son parcours parlementaire, qui durera jusqu'en 1935, l'amène notamment à traiter au Parlement belge des problèmes de politique internationale, d'arbitrage, de désarmement, de libre commerce. Il s'investit également beaucoup dans la jeune Union interparlementaire (UIP), à laquelle il adhère en 1895, participant à presque toutes les conférences et considérant qu'il s'agit d'un embryon du futur parlement mondial. C'est toujours en tant que parlementaire que nous le retrouvons délégué belge à la Conférence de Versailles de 1919 et, ensuite, à la jeune Société des Nations.

Henri Golay (1867-1950), secrétaire du BIP, Henri La Fontaine et Lucien Le Foyer (1872-1952), secrétaire général de la Délégation permanente des sociétés françaises de la paix (photographie prise au XXIVe Congrès universel de la paix de Paris, 1925)

---

[3] Paul Otlet (1868-1944) : avocat belge, connu pour avoir fondé l'Institut international de bibliographie avec Henri La Fontaine. Il est considéré comme le père de la documentation et figure parmi les précurseurs d'Internet.

[4] Auguste Comte (1798-1857) : philosophe français, précurseur de la sociologie et à l'origine du positivisme, philosophie qui base le progrès sur la connaissance des faits et l'expérience scientifique.

Il prononce de longs discours qui font sourire ses collègues, car il défend la cause pacifiste avec ardeur. Il partage avec Bertha von Suttner[5], Alfred Gobat[6], Fredrik Bajer[7], Hodgson Pratt[8], entre autres, la crainte que le monde ne s'approche d'un conflit incontrôlable. Pourtant, les avertissements de ces pionniers du pacifisme moderne n'arrivent pas à détourner de sa route le train militariste du début du siècle.

Dès la Première Guerre mondiale, Henri La Fontaine dessine les contours d'une structure politique qui permettrait de contenir les passions meurtrières. Dans son livre *Magnissima Charta*, publié en 1916, il soutient l'idée – déjà avancée par Victor Hugo et par la Ligue internationale pour la paix et la liberté – des « États-Unis d'Europe », prônant un gouvernement mondial régi par le droit international, dont il souhaitait déjà la création lorsqu'il créa la section belge de la Fédération internationale de l'arbitrage et de la paix en 1889. Pour favoriser l'émergence d'une telle structure, il ne suffit pas, selon lui, de soutenir la Société des Nations de Woodrow Wilson[9]. Peu après sa création, les limites de ce nouvel organe interétatique établi à Genève sont déjà visibles. La Fontaine est au centre d'un réseau d'institutions internationales qu'il a créées avec Paul Otlet (avec, en son centre, l'Union des associations internationales) et qui, agissant ensemble, sont appelées à changer la culture politique. Il est souvent fait appel à cet « homme-réseau » pour établir un pont entre les pacifistes, les socialistes et les parlementaires. Au niveau belge, il est le seul à pouvoir, par ses talents et ses nombreux contacts, unifier les mouvements pacifistes.

En 1907, Henri La Fontaine est élu président du Bureau international de la paix (BIP), fondé en 1891 par les dirigeants des principaux mouvements pacifistes de la deuxième moitié du XIXe siècle. Il occupera cette fonction jusqu'à sa mort, en 1943. Toujours respectueux des autres, il joue le rôle de médiateur dans les innombrables conflits au sein d'une organisation tiraillée par les courants nationalistes et politiques. Seul socialiste au BIP, il est en position de rallier à la fois ses camarades de centre-gauche et les plus conservateurs, comme Frédéric Passy[10], qui placent leurs espoirs dans l'arbitrage international. De même qu'au sein de l'Union des associations internationales (UAI), il est le principal

« Per Orbem Terrarum »,
extrait de la couverture de
l'Atlas de l'organisation mondiale
(Encyclopedia Universalis
Mundaneum), sans date

---

[5] Bertha von Suttner (1843-1914) : Prix Nobel de la paix (1905), romancière, pacifiste, elle est l'auteur du roman *Die Waffen nieder* (*Bas les armes*, 1889) et une des fondatrice de la Ligue de la paix autrichienne.

[6] Alfred Gobat (1843-1914) : Prix Nobel de la paix (1902), docteur en droit, il mena une carrière politique en Suisse. Intéressé par l'éducation et l'arbitrage international, il fut secrétaire du Bureau international de la paix et de l'Union interparlementaire.

[7] Fredrik Bajer (1837-1922) : Prix Nobel de la paix (1908), écrivain, homme politique danois, il soutint plusieurs organisations pacifistes en Europe. Il présida le Bureau international de la paix et l'Union interparlementaire.

[8] Hodgson Pratt (1824-1907) : pacifiste britannique, il est le fondateur en 1880 de la Ligue internationale pour la paix et la liberté.

[9] Thomas Woodrow Wilson (1956-1924) : président des États-Unis de 1913 à 1921, il définit en 1918 les « quatorze points » qui devaient mettre fin au conflit mondial, dont la création de la Société des Nations. Il reçut le prix Nobel de la paix en 1919.

[10] Frédéric Passy (1822-1912) : homme politique et économiste français, il est le fondateur de la Ligue internationale de la paix en 1867 et de la Société pour l'arbitrage entre les nations en 1870. Il reçut le prix Nobel de la paix en 1901.

Per Orbem Terrarum

Humanitas Unita

Assemblée générale du Bureau
international de la paix,
septembre 1935

collecteur de fonds. Il revient d'un voyage aux États-Unis avec une subvention annuelle de 75 000 francs belges de la Fondation Carnegie pour l'UAI, mais il ne parvient pas à obtenir le soutien permanent de Carnegie au BIP. La Conférence de la paix de La Haye de 1899[11] l'avait montré : les pacifistes ont une certaine influence sur les élites mais leur force est purement morale. La Fontaine comprend la faiblesse relative du BIP et de ses organisations membres face aux puissantes machines étatiques.

Les débuts de l'UAI sont éclatants. En 1910, Henri La Fontaine et Paul Otlet organisent à Bruxelles un premier Congrès des associations internationales. Les participants, pour la plupart européens, sont au nombre de 400 et représentent 132 institutions. La Fontaine les nomme avec une certaine fierté « le parlement intellectuel de l'humanité ». Même si ses ambitions n'ont pas toutes été couronnées de succès, il faut noter que l'UAI, le Mundaneum et le Bureau international de la paix existent encore actuellement.

Écrits

Comme beaucoup de ses contemporains, Henri La Fontaine entretient tout au long de sa vie une correspondance abondante. Au début de sa carrière, il occupe le poste de secrétaire dans le cabinet d'Edmond Picard, célèbre avocat belge, et participe au projet de ce dernier, *Les Pandectes belges*, recueil de la jurisprudence belge. C'est dans cette équipe pluridisciplinaire qu'Henri La Fontaine rencontre Paul Otlet en 1890. De 1890 à 1916, il trouve le temps de rédiger des ouvrages importants, ayant principalement trait à l'arbitrage comme solution aux conflits interétatiques. Parmi ses œuvres les plus significatives se trouvent la monumentale *Pasicrisie internationale : Histoire documentaire des arbitrages internationaux* (1902) ; la *Bibliographie de la paix et de l'arbitrage international* (2 223 articles, 1904) ; et *The Great Solution : Magnissima Charta* (publié pendant son exil aux États-Unis en 1916).

Passions

Outre son engagement en faveur de la paix et de l'internationalisme, Henri La Fontaine est un homme aux multiples passions. Il comprend très bien que l'éducation est la pierre angulaire du progrès social. Dès 1879, il participe à la gestion de l'Institut Bischoffsheim, école professionnelle pour jeunes filles, et prend parti pour les féministes dans le débat autour de l'affaire Popelin (1888)[12]. Il va également cofonder la Ligue belge du droit des femmes (1892) avec sa sœur Léonie.

Mais le domaine dans lequel sa contribution est la plus novatrice est sans doute la bibliographie. Henri La Fontaine travaille étroitement avec son ami Paul Otlet pour réunir « tous les savoirs du monde » dans l'institution qu'ils créent en 1895, l'Institut international de bibliographie, qu'ils appelleront plus tard Mundaneum, afin que « de la connaissance naissent la paix et la compréhension universelle ». Pour classer les références bibliographiques et les collections qu'ils rassemblent, ils développent la Classification décimale universelle (CDU) qui sera utilisée dans les bibliothèques du monde entier. Défenseurs de la coopération internationale également dans le domaine intellectuel, ils participeront à la création de l'Institut international de coopération intellectuelle (1924), précurseur de l'UNESCO.

Libre penseur, Henri La Fontaine défend ses idéaux dans la franc-maçonnerie, où il entre assez jeune. Initié à Bruxelles en 1882 à la loge *Les Amis philanthropes*, il sera par la suite Vénérable Maître. Au sein de cette structure, il se fait l'avocat d'une franc-maçonnerie tournée vers le monde et la paix d'une part, mixte d'autre part, contribuant à fonder en 1912 le *Droit humain*, première obédience mixte en Belgique.

Cet homme énergique se distingue par ailleurs dans plusieurs autres domaines : poète, il publie quelques textes dans sa jeunesse ; amateur de culture, il est le premier à traduire en français des opéras de Wagner et donne des conférences sur les mouvements artistiques modernes ; alpiniste, président du Club alpin belge, il est l'auteur de plusieurs récits de voyage et d'une bibliographie de l'alpinisme.

---

11 *Cf.* article de Jean-Michel Guieu.
12 L'affaire Popelin éclate dans les années 1880 lorsque Marie Popelin se voit refuser l'accès au barreau de Bruxelles à l'issue de ses études universitaires. Cette affaire va susciter un débat important sur la condition de la femme.

Une du numéro du 27 décembre 1913 du journal *Tatène* (Liège) publié après l'annonce de l'attribution du prix Nobel de la paix à Henri La Fontaine

Henri La Fontaine devant la salle du Reichstag à Berlin, où se tient le XXIIIᵉ Congrès universel de la paix, 1924 (photographie R. Horlemann)

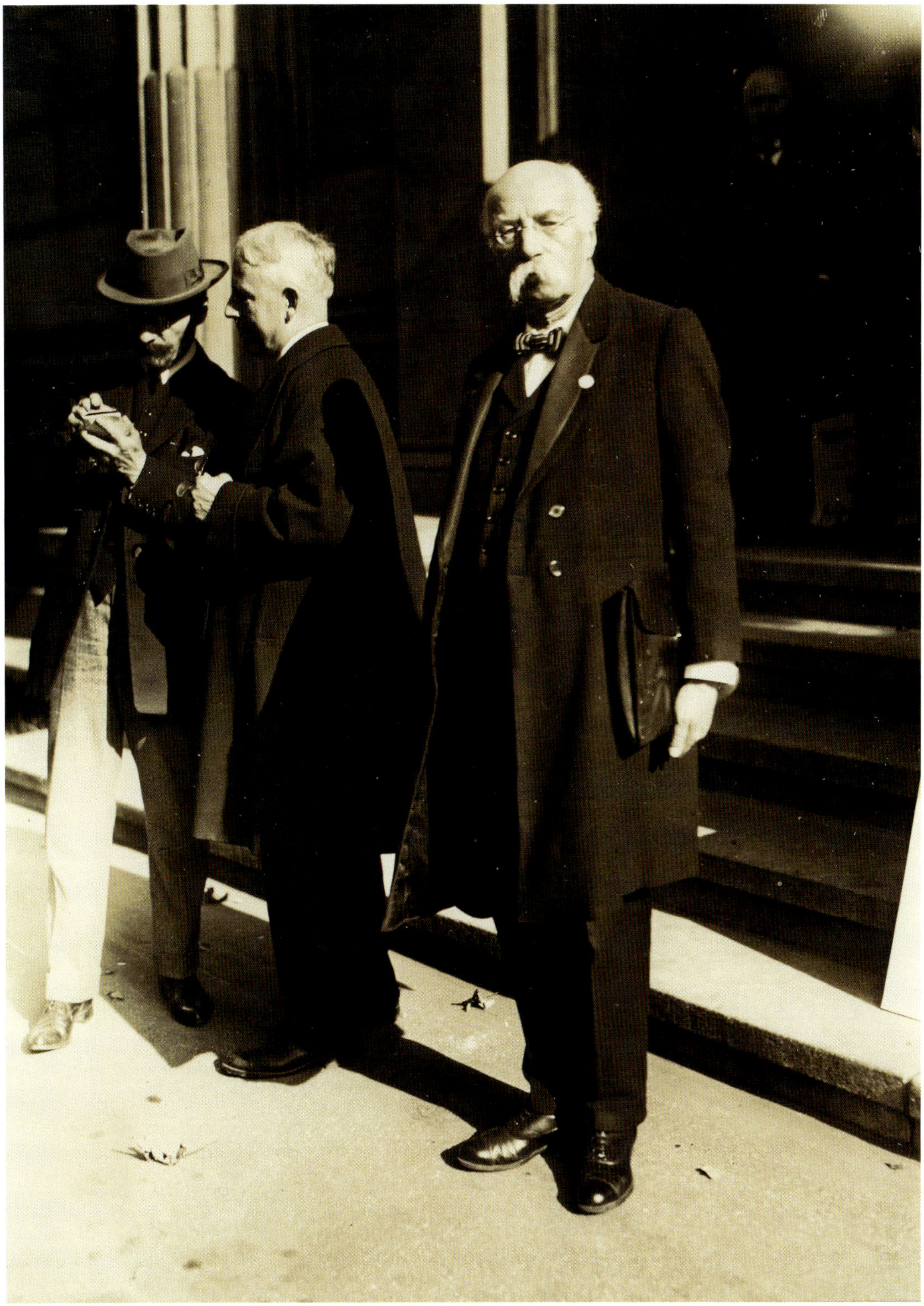

Le prix Nobel

L'attribution du prix Nobel de la paix en 1913 aurait dû être reçue par des applaudissements venus de toutes parts. Le pacifisme est alors à son apogée en Europe. Juriste internationaliste, homme de vision et d'humanité profonde, bâtisseur d'organisations destinées à servir de remparts contre la militarisation et l'injustice, Henri La Fontaine aurait été considéré comme un candidat idéal par Alfred Nobel. Pourtant, la nouvelle reçoit un accueil mitigé dans son pays natal, en particulier dans les cercles officiels et conservateurs. Le journal socialiste *Le Peuple* est le seul à exprimer ouvertement sa joie. De plus, l'ombre de la Grande Guerre plane déjà sur l'Europe. « La société guerrière submergée », comme l'appelle l'historien John Keegan, remonte à la surface. Avec raison, les pacifistes craignent le pire.

Henri La Fontaine travaille encore trente ans en tant que lauréat du prix Nobel. Après la Première Guerre mondiale, même si la plupart des pacifistes saluent la fondation de la Société des Nations comme un pas important vers un état mondial de droit, ils sont déçus par l'échec du Pacte Briand-Kellogg de 1928[13], et accablés par la montée du fascisme et la remilitarisation de l'Europe, qui mèneront à la Seconde Guerre mondiale.

Henri La Fontaine, alors resté en Belgique, partage leur désespoir et leur colère : « Si certains, dans les pays spectateurs proches ou lointains, ont été capables d'approuver les méthodes monstrueuses, primitives et lâches avec lesquelles les dictateurs italien, allemand et japonais ont eu l'impudence criminelle de traîner dans la boue le nom de leur peuple réduit au silence par une terreur qui appartient aux plus sinistres époques du passé, à l'acceptation effrayante de ce qui s'est passé d'abord en Éthiopie, puis en Chine et en Espagne, il restera toujours, pour ceux qui ont été les flatteurs et défenseurs ignorants ou profiteurs, une honte indélébile, similaire à la marque infligée autrefois aux prisonniers dans les pénitenciers, infâmante et vengeuse[14]. »

Diplôme accompagnant
le prix Nobel de la paix attribué
à Henri La Fontaine en 1913

C'est une fin tragique pour un homme tant convaincu que la raison l'emporterait sur la violence et l'injustice. Henri La Fontaine voit la Belgique envahie une deuxième fois et meurt en 1943, au moment le plus sombre de la guerre. Il lègue ses biens, y compris ses archives, aux institutions qu'il a créées. Mais, plus important, il constitue un modèle incomparable de vision, d'engagement et de travail de longue haleine.

---

[13] Traité signé à Paris le 27 août 1928 condamnant la guerre pour régler les différends internationaux.
[14] Henri LA FONTAINE, in : *Le Mouvement pacifiste*, janvier 1939, Genève – Cité dans Rainer SANTI, *100 Years of Peacemaking: a History of the International Peace Bureau and Other International Peace Movement Organisations and Networks*, IPB, 1991.

Det Norske Stortings Nobelkomite

har i Henhold til Reglerne i det af

ALFRED NOBEL

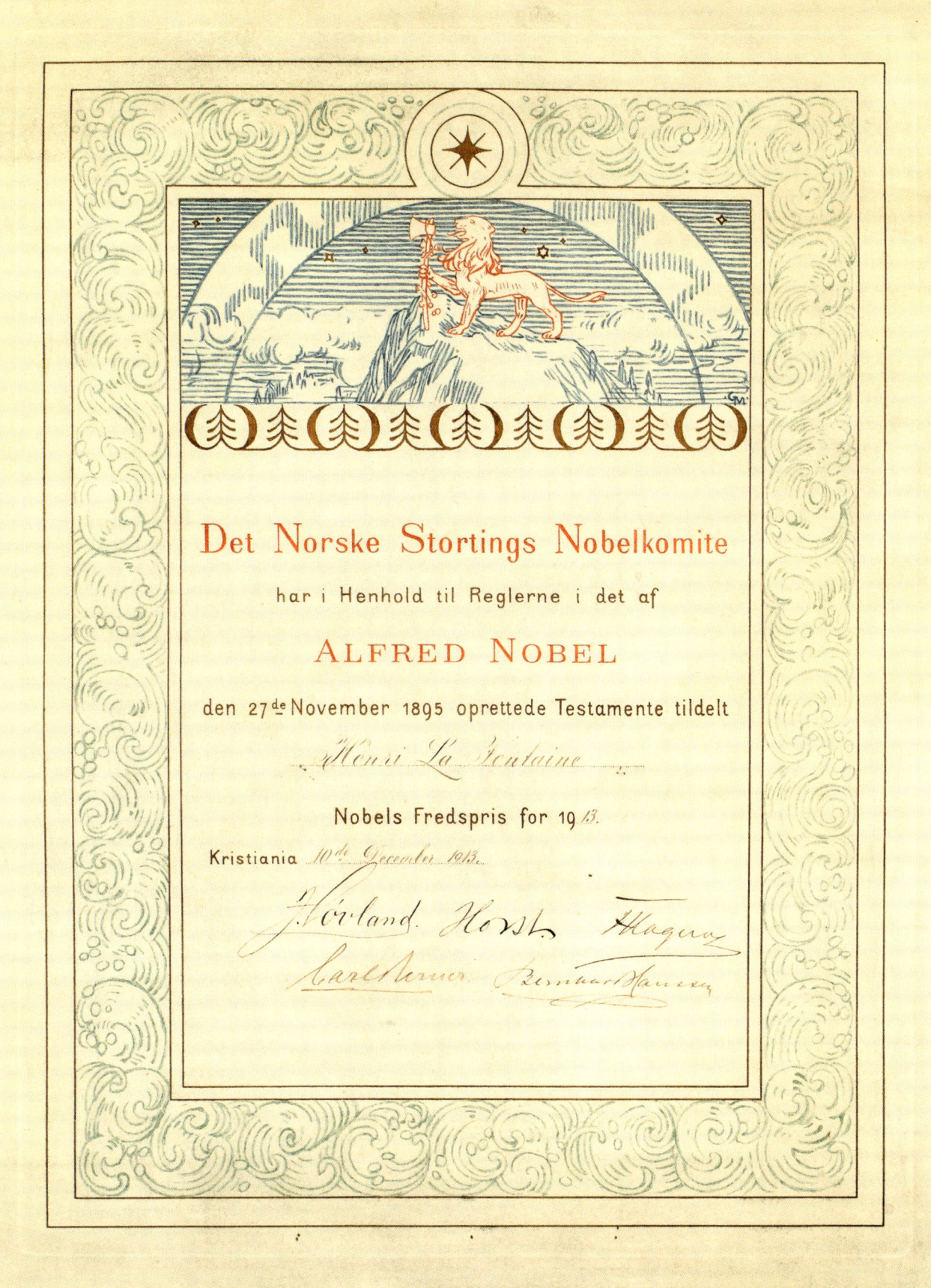

den 27de November 1895 oprettede Testamente tildelt

Henri La Fontaine

Nobels Fredspris for 1913.

Kristiania 10de December 1913.

Article paru dans le journal *Le Peuple*, 29ᵉ année, n° 345, 11 décembre 1913, Bruxelles

« Le Prix Nobel attribué à un Socialiste

Nous avons reçu, mardi après-midi, la dépêche suivante :

Christiania, 10 décembre.

Les prix Nobel pour la Paix, de 1912 et 1913, ont été attribués aujourd'hui par le comité Nobel du Storting à l'ancien ministre des Affaires étrangères américain, le sénateur Elihu Root, et au sénateur belge Henri Lafontaine.

Un de nos rédacteurs a aussitôt pris à notre ami Lafontaine l'interview téléphonique que voici :

– Allô, suis-je chez le Prix Nobel ?
– Chez Henri Lafontaine.
– C'est tout comme. Vous saviez bien qu'à la tribune de la presse parlementaire c'était votre sobriquet. Ce qui hier n'était qu'une prophétie est devenu, depuis une heure, une réalité. Cordiales félicitations. Nous en sommes très heureux pour l'ami et très fiers pour le Parti.
– Merci. Moi aussi j'en suis très heureux pour l'idée socialiste internationale. On reconnaît ainsi l'influence que nos idées exercent sur la propagation des idées pacifistes.
– Et votre effort de trente années, Monsieur le fondateur de la Société belge pour l'arbitrage de la paix.
– Flatteur ! Je crois aussi que l'on a voulu encourager ce qui a été fait à Bruxelles pour la fondation de l'Union des associations internationales. Mais il va de soi que c'est avant tout le pacifiste qui est couronné. Mais les lauriers sont partagés et je suis énormément flatté de voir mon modeste nom à côté de l'éminent sénateur américain Root. C'est, en matière politique et sociale, un conservateur, car, chose curieuse, aux États-Unis, les "démocrates" sont surtout impérialistes et mégalomanes. Mais c'est un esprit supérieur dont les travaux sur l'arbitrage contribueront grandement au maintien de la paix du monde.
– Étiez-vous averti de la décision ?
– J'étais pressenti. Nos amis socialistes et démocrates de là-bas avaient préconisé ma candidature devant le Parlement. J'irai, conformément au règlement du prix de la Paix, faire une conférence en Scandinavie, lors de la réunion de la Conférence interparlementaire de la paix à Stockholm, en juillet prochain.
– Quel sujet choisirez-vous ?
– Je l'emprunterai au volume que je suis en train de faire sur la création d'un tribunal permanent d'arbitrage à adjoindre à la cour de La Haye. Mais d'ici là, j'aurai pas mal de besogne sur le chantier.
– Alors, bon courage et bon travail, et trop content de constater qu'une fois au moins, pareil labeur se trouve encouragé et récompensé. »

Henri La Fontaine, vers 1900
(photo Gustave Narcisse,
Bruxelles)

« La paix n'est qu'un résultat qui consiste essentiellement à ne plus avoir de guerre et à ne plus avoir à la préparer. C'est tout l'organisme social, politique et économique qu'il s'agit d'organiser de manière à mettre un terme aux jalousies, aux inégalités, aux compétitions, aux misères matérielles et morales, aux détournements par quelques-uns des richesses de toute nature, au colonialisme accapareur, aux concurrences déloyales de pays à pays, à l'agiotage financier et aux dévaluations monétaires, etc., etc., etc. Je pense, par cette énumération réduite à un minimum, vous avoir persuadé de la complexité des problèmes à résoudre et qui devraient être résolus dans un délai aussi bref que possible. »

Lettre d'Henri La Fontaine à Henri Golay, 20 juin 1939 (Mundaneum, Papiers personnels d'Henri La Fontaine, boîte 25, dossier 5)

Rencontres intellectuelles et changement social. Henri La Fontaine et la Belle Époque[1]

Christophe Verbruggen (Université de Gand), **Wouter Van Acker** (Université de Gand),
Daniel Laqua (Northumbria University, Newcastle)

Aujourd'hui, nous nous souvenons avant tout d'Henri La Fontaine comme lauréat du prix Nobel et comme cofondateur du Palais mondial dont les collections sont à présent conservées au Mundaneum à Mons. Cependant, les centres d'intérêt et les activités de La Fontaine révèlent une personnalité emblématique du réformisme social et culturel de la fin de siècle en Belgique. Par ses engagements à la croisée de la politique, de la jurisprudence, de la sociologie, du pacifisme, du féminisme, de la franc-maçonnerie et des arts, il représente la « nébuleuse réformatrice » – selon l'expression employée par le sociologue Christian Topalov pour qualifier les réseaux français de la fin du XIXe siècle[2]. Ces réseaux relient libéraux progressistes, socialistes réformistes et démocrates-chrétiens, qui partagent l'ambition de contribuer au « progrès » humain et social[3]. Leurs motivations sont un mélange ambigu d'optimisme social et de pessimisme culturel. La Belle Époque est caractérisée par ces tensions : durant cette période, les réalisations technologiques, les découvertes scientifiques et les échanges culturels coïncident avec des antagonismes importants aux niveaux local, national et international.

La fin de siècle voit l'émergence de l'intellectuel, nouvelle catégorie dont La Fontaine est un exemple. La naissance de l'intellectuel n'est pas un phénomène belge mais paneuropéen et transnational. De nombreux historiens français considèrent le « Manifeste des intellectuels », la célèbre pétition distribuée lors de l'affaire Dreyfus, comme le certificat de

Henri La Fontaine avec un groupe d'amis à Westende, sans date

---

[1] Cet article est traduit de l'anglais. La version originale est disponible à l'URL suivante : http://hdl.handle.net/1854/LU-3008427.

[2] Christian TOPALOV (dir.), *Laboratoires du nouveau siècle : la nébuleuse réformatrice et ses réseaux en France, 1880-1914*, Paris, EHESS, 1999.

[3] Marc ANGENOT, « L'invention de l'Humanité et le sujet du Progrès », in : Pierre OUELLET (dir.), *Le Soi et l'autre : l'énonciation de l'identité dans les contextes interculturels*, Québec, Presses de l'Université Laval, p. 363-380.

naissance de l'intellectuel. L'affaire Dreyfus ne fut qu'un catalyseur dans le processus engagé mais elle est devenue un « lieu de mémoire » de l'engagement intellectuel, entretenu par des organisations comme la Ligue des droits de l'homme en France. La conscience de classe des intellectuels s'accompagne d'un engagement social qui ajoute de la dignité à ces nouvelles professions. Elle crée aussi des opportunités pour les intellectuels d'affirmer leur statut social vis-à-vis des détenteurs du pouvoir politique, culturel et économique. Le travailleur intellectuel est considéré comme responsable de la « machine sociale » mondiale ainsi que du développement et du maintien de la civilisation[4]. À partir du tournant du siècle, un nombre croissant de Belges partagent ce sentiment de responsabilité. Ils se retrouvent dans les cercles sociologiques et à l'Université nouvelle à Bruxelles. Ce sentiment de responsabilité va souvent de pair avec des ambitions internationalistes. La période qui s'étend de la fin du XIXe siècle au déclenchement de la Première Guerre mondiale témoigne de nombreux contacts transnationaux, facilités par le développement des moyens de transport et de communication et l'apparition de nouveaux mouvements politiques. Beaucoup d'observateurs contemporains remarquent cette évolution et la perçoivent comme une tendance évidente à une meilleure intégration entre les différentes nations. En effet, la croissance du nombre d'organismes internationaux à cette période suggère que les décennies précédant 1914 sont une période durant laquelle l'internationalisme se manifeste à plusieurs niveaux. Les observateurs sont documentés par les internationalistes de nombreux pays, y compris par les organisations cofondées par La Fontaine. Le déclenchement de la Première Guerre mondiale semble contredire l'optimisme des internationalistes mais impose à nouveau la nécessité d'une collaboration plus étroite : selon William MacDonald, il faut qu'ils considèrent « le monde comme leur paroisse[5] ». L'historienne Gisèle Sapiro décrit ce processus comme « l'internationalisation des champs intellectuels[6] ».

L'action internationaliste de La Fontaine est motivée par des idées et des convictions entrecroisées qu'il n'est pas toujours possible de dissocier. Cet article se concentre sur la dimension sociologique de ses débuts. À Bruxelles, la sociologie comporte beaucoup d'éléments de l'engagement internationaliste de La Fontaine : un intérêt pour la réforme sociale, une croyance dans les bienfaits des échanges intellectuels, une préoccupation pour l'ordre international ainsi que pour la construction et le maintien de la « machine sociale[7] ». L'essor de la sociologie à Bruxelles n'est cependant qu'un exemple de l'importante progression des branches intellectuelles, en ce compris la littérature, la musique et les arts. Ce credo scientifique et artistique transnational, relié au désir de réaliser des choses nouvelles, est une des caractéristiques du modernisme. La Fontaine a été stagiaire chez l'avocat, poète et écrivain Edmond Picard (1836-1924), qui a joué un rôle moteur dans beaucoup de ces développements. Mais La Fontaine et Picard ne sont que des exemples parmi d'autres à combiner de tels engagements : au sein du Parti ouvrier belge (POB), La Fontaine fait partie d'une génération émergente d'hommes politiques (dont Émile Vandervelde et Jules Destrée) qui ont une formation politique, culturelle et sociale étendue, incluant notamment la sociologie, la franc-maçonnerie et le droit.

Edmond Picard, carte postale, sans date

Julien LUCHAIRE, « Principes de la coopération intellectuelle internationale », in : *Recueil des cours*, vol. 9, 1925, p. 316-317.

William MACDONALD, *The Intellectual Worker and his Work*, Londres, Cape, 1923, p. 304-305.

Gisèle SAPIRO, « L'internationalisation des champs intellectuels dans l'entre-deux-guerres : facteurs professionnels et politiques », in : Gisèle SAPIRO (*dir.*), *L'Espace intellectuel en Europe. De la formation des États-nations à la mondialisation. xixe et xxe siècles*, Paris, 2009, p. 111-146.

Kaat WILS et Anne RASMUSSEN, « Brussels Sociology in a Transnational Perspective », in : *Revue belge de philosophie et d'histoire*, vol. 90, n° 4, 2012.

La Fontaine et la sociologie à Bruxelles

La Société d'études sociales et politiques (SESP), basée à Bruxelles, et l'Institut des sciences sociales, étroitement liés, sont les institutions les plus importantes pour les premiers engagements intellectuels de La Fontaine. La SESP est officiellement créée en 1890 par Auguste Couvreur (1827-1894), homme politique libéral, publiciste, franc-maçon qui fut vice-président de la Chambre belge des représentants. Lorsque Couvreur meurt en 1894, la société perd rapidement de sa vigueur. Bien que la majorité de ses membres influents soient libéraux et francs-maçons, la SESP affirme sa neutralité politique[8]. Laissant ainsi place aux divergences d'opinions politiques et sociales, les débats permettent l'étude des questions sociales sous des angles différents. Une telle diversité est perceptible dans le fait que Victor Brants, homme politique catholique et professeur d'économie politique à l'Université catholique de Louvain, et A. Van Camp, en charge de l'enseignement supérieur au ministère de l'Intérieur et de l'Éducation publique, ont été secrétaires de l'association. Le comité exécutif est dirigé par Georges Montefiore Levi (1832-1906), ingénieur, homme d'affaires et sénateur libéral conservateur. Il y eut, parmi les vice-présidents, des libéraux éminents tels que le fondateur de la Ligue de l'enseignement, Pierre Tempels (1825-1923); le fondateur de l'Institut de droit international, Gustave Rolin-Jaequemyns (1835-1902); et le bourgmestre de Bruxelles, Charles Buls (1837-1914).

La Fontaine a été l'un des secrétaires de la SESP. Son travail au sein de l'organisation précède son ascension dans le milieu socialiste, qui aboutit à son accession au Sénat en 1895. En 1893, il souligne encore les avantages de la neutralité politique en suggérant de « réunir en un vaste parti tous les hommes de bonne volonté qui aspirent à améliorer le sort de ceux qui, matériellement et moralement, souffrent de l'actuel déséquilibre économique, tel est le désir qui nous anime et qui nous enthousiasme[9] ». Il reconnaît l'existence de divergences idéologiques mais les considère de moindre importance :

« Certes, l'idéal lointain de chacun des hommes peut différer : les uns considèrent le socialisme comme un culte nouveau, les autres songent à réaliser une hiérarchie catholique universelle, d'autres espèrent émanciper la pensée humaine de toute discipline confessionnelle, d'autres encore entrevoient une science qui déterminera les lois du monde moral aussi précisément que celles du monde physique. Ces divergences s'effacent dans le domaine des faits : les aspirations y sont pareilles et les mesures préconisées sont semblables[10]. »

Ces idées rejoignent celles de Couvreur. Elles semblent aussi toucher la dimension politique de la SESP : considérée comme une institution dédiée aux sciences sociales, elle n'est pas très éloignée d'un programme réformiste qui repose sur les principes scientifiques.

Les réflexions politiques et sociales qui prédominent au sein de la SESP sont adoptées par l'Institut des sciences sociales (ISS). L'industriel et philanthrope belge Ernest Solvay (1838-1922) a fondé cette organisation en 1894 comme un laboratoire sociologique.

Ernest Solvay, carte postale, sans date

Potentiellement, l'Institut pouvait tisser des liens avec l'École des sciences politiques et sociales, où Solvay avait organisé une série de cours complémentaires pour les diplômés de l'ULB en 1890. Solvay appelle les trois membres de la SESP à la direction de l'ISS : le sociologue belge Guillaume De Greef (1842-1924), Hector Denis (1842-1913) et

Auguste COUVREUR, *Société des études sociales et politiques – son origine, son but*, Bruxelles, 1889, p. 2.

Henri LA FONTAINE, « Le grand parti démocratique », in : *La Justice*, 8 juin 1893, Bruxelles.

Ibid.

Émile Vandervelde (1866-1938), tous trois professeurs à l'Université libre de Bruxelles à cette époque. En tant que socialistes qui vont bientôt jouer un rôle important au sein du POB, ces derniers répondent à leur manière au programme libéral du « productivisme ». Le productivisme implique l'équilibre et l'efficacité de la consommation et de l'utilisation de l'énergie (y compris l'énergie humaine) dans la société, le résultat étant un rendement optimal de la production industrielle. Mais les trois directeurs se consacrent tellement à discuter et à étudier d'autres problèmes sociaux que Solvay décide de mettre un terme à cette association. En 1902, il transforme l'Institut des sciences sociales en l'Institut de sociologie Solvay, dont il confie la direction à Émile Waxweiler (1867-1916). Il met à la disposition de la nouvelle institution un bâtiment situé dans le parc Léopold, près de l'Institut de physiologie qu'il a construit auparavant.

Néanmoins, entre 1894 et 1902, le cercle fermé de l'Institut des sciences sociales se réunit chaque semaine à l'hôtel Ravenstein. Ce bâtiment abrite alors l'Office international de bibliographie de Paul Otlet et Henri La Fontaine, créé à partir de la section bibliographique de la SESP. Ces liens personnels et institutionnels suggèrent que l'internationalisme bibliographique de La Fontaine et son implication dans la sociologie bruxelloise sont inséparables. Cette observation s'avère encore plus pertinente si l'on considère que la collaboration bibliographique avec Otlet aboutit finalement à des efforts internationaux de portée bien plus grande, allant de la création de l'Union des associations internationales à l'ouverture du Palais mondial et à la promotion d'une Cité mondiale. En plus de Solvay et de ses trois directeurs, les réunions à l'hôtel Ravenstein sont fréquentées par des personnalités comme le juriste Émile Vinck (1870-1950), que Vandervelde a introduit au Parti ouvrier belge en 1893, l'avocat Léon Hennebicq (1871-1940), le journaliste socialiste Louis de Brouckère (1870-1951) et, bien sûr, La Fontaine et Otlet[11]. Ces liens s'étendent parfois à d'autres sphères : de Brouckère, par exemple, publie certains de ses écrits sur la politique et les relations sociales avec Vandervelde et reste une figure socialiste importante, y compris dans les réseaux socialistes internationaux. Les relations intellectuelles tissées lors de ces rencontres à l'hôtel Ravenstein se maintiendront pendant plusieurs décennies.

L'âge du collectivisme

L'implication dans la SESP et l'ISS imprègne profondément La Fontaine du mode de pensée sociologique et politique de ces deux institutions. Il est particulièrement influencé par l'idéologie politique du collectivisme socialiste qui y est souvent débattue. En 1893, le sociologue organiciste allemand Albert Schaeffle (1831-1903) écrit, à la demande de Couvreur, un essai critique sur le collectivisme pour la *Revue sociale et politique* de la SESP[12]. Dans son compte-rendu de l'article de Schaeffle pour le journal libéral *L'Indépendance*, Guillaume De Greef critique le collectivisme pour son déductivisme, son constructivisme et son idéalisme. Il défend plutôt un socialisme positiviste qui subordonne les idéaux à des réformes graduelles et partielles de l'État actuel[13]. Intervenant dans le débat, La Fontaine développe sa propre interprétation du collectivisme dans le journal *La Justice*, et publie en 1897 une version étendue de ces articles sous la forme d'une brochure en deux volumes. Selon lui, le collectivisme aborde la société comme si c'était « une vaste société anonyme dont chaque citoyen serait un actionnaire ». Cette organisation aurait pourtant des caractéristiques particulières : « Dans cette société tous les actionnaires auront des droits et des avantages égaux. L'inégalité ne dérivera pour eux que de l'inégalité des efforts qu'ils dépenseront pour faire fructifier le patrimoine commun, à moins que cette inégalité des efforts ne provienne d'une cause indépendante de leur volonté : défauts physiques, faiblesse congénitale, infériorité intellectuelle, aptitudes restreintes, vieillesse ou maladie[14]. »

La conception du collectivisme de La Fontaine est influencée par les écrits du philosophe du socialisme rationaliste Baron de Colins (1783-1859), de Karl Marx, du proudhonien et leader socialiste César De Paepe (1841-1890), des socialistes français Benoît Malon (1841-1893) et Jules Guesde (1845-1922), du sociologue organiciste allemand Albert Schaeffle, et de l'écrivain austro-hongrois auteur de la vision utopique de *Freiland*, Theodor Hertzka (1845-1924)[15]. Cependant, l'influence de la direction de l'ISS sur La Fontaine, qu'il reconnaît lui-même, est évidente. Se souvenant du productivisme de Solvay, « l'inégalité », dans son modèle collectiviste, serait la conséquence logique de l'inégalité des efforts qui sont consacrés à contribuer aux biens communs. Le collectivisme de La Fontaine suit les principes évolutionnistes, holistiques et déterministes de la théorie sociologique de l'organicisme, dominante à l'ISS. Il part de l'idée que la société, dans son opposition à l'individualisme, évoluera inévitablement vers un état collectiviste qui succédera à l'état capitaliste apparu après le féodalisme. Pour réaliser son « projet collectiviste », La Fontaine pense nécessaire de former une coalition mêlant des personnes de son propre milieu social et des travailleurs manuels : « Les travailleurs manuels et travailleurs intellectuels ont trop besoin les uns des autres pour qu'ils ne cherchent pas à se donner un mutuel appui et à se confondre en une classe unique[16]. » Il suit en cela le raisonnement du géographe anarchiste Élisée Reclus (1830-1905), qui conseille à ses étudiants d'abandonner leurs privilèges et de combiner leurs études universitaires avec un travail manuel[17].

---

[11] Rapports hebdomadaires de ces réunions (Mundaneum, Papiers personnels d'Henri La Fontaine, boîte 121, Institut des sciences sociales 1894-1895, dossier PV des réunions 1894).

[12] Albert SCHAEFFLE, « Collectivisme », in : *Revue sociale et politique*, vol. 3, 1893, p. 289-239.

[13] Guillaume DE GREEF, « Le collectivisme », in : *L'Indépendance*, 28 octobre-16 novembre 1893.

[14] Henri LA FONTAINE, *Le Collectivisme*, tome 1, Namur, Louis Roman, 1897, p. 30-31.

[15] Mundaneum, Papiers personnels d'Henri La Fontaine, boîte 51, dossier C7, « Le Collectivisme », notes manuscrites et dossier de coupures de presse.

[16] Henri LA FONTAINE, « Nos socialistes », in : *La Justice*, n° 6, 10 février 1895, p. 1.

[17] Henri FUSS, « Allons au peuple », in : *L'Utopie*, 15 novembre 1904, p. 1.

La Fontaine et l'Université nouvelle

En tant que membre de l'ISS, La Fontaine vit les événements tumultueux qui entourent la création de l'Université nouvelle en 1894. La décision du conseil académique de l'ULB d'annuler une série de conférences d'Élisée Reclus, due au terrorisme anarchiste qui règne en France, en est à l'origine. Denis, qui avait invité son ami Reclus à donner ces conférences, démissionne de son poste de recteur de l'ULB. Cette rupture reflète cependant des différences intellectuelles plus profondes et notamment la résistance de la direction libérale au positivisme et au « socialisme scientifique », que Denis et d'autres voient comme un concept susceptible de réconcilier les différents courants socialistes et progressistes. Certains professeurs, dont De Greef et Picard, quittent l'ULB et fondent l'Université nouvelle en tant qu'institution dissidente. De Greef en est le recteur et établit un programme universitaire orienté vers l'international et basé sur les sciences sociales.

Un des principes éducationnels fondamentaux de l'Université nouvelle est de viser à compléter une spécialisation académique d'une perspective sociologique synthétique et encyclopédiste. L'Université nouvelle n'offre pas seulement des cours réguliers : elle a aussi une extension, l'Institut des hautes études, qui ouvre ses portes à la tournée internationale de conférences sur la réforme sociale. La Fontaine se joint au personnel enseignant de la nouvelle institution (comme le font la plupart des membres de l'ISS) et donne un cours annuel sur le droit international. Il fait l'éloge du programme de l'Institut en insistant sur le fait qu'en termes tant pratiques que théoriques, « un aperçu synthétique » du champ intellectuel est nécessaire pour que l'action sociale puisse être menée efficacement.

Les cercles qui gravitent autour de l'Université nouvelle font partie d'un ensemble plus large de sociabilité qui contribue à la formation identitaire des intellectuels. C'est aussi un milieu dans lequel hommes et femmes, savant et militants collaborent, fournissant ainsi une structure pour le féminisme et son fondement idéologique. Les liens entre réforme sociale, internationalisme et féminisme sont déjà perceptibles avant la fondation de l'Université nouvelle. Mais lorsqu'elle est créée, l'Institut des hautes études organise plusieurs cours sur la question de la femme, donnés par les plus importants féministes belges et étrangers, souvent en lien avec la Ligue belge du droit des femmes et le Collège libre des sciences sociales de Paris (son équivalent français). Outre ces engagements en matière de féminisme et de sciences sociales progressistes émerge une version embryonnaire de ce que nous appellerions aujourd'hui les « études sur les femmes ».

Premier numéro du journal de l'Université nouvelle, publié à Bruxelles le 7 octobre 1894

L'Université nouvelle fait aussi office de noyau central du réseau établi par le sociologue et pacifiste autrichien Rudolf Broda (1880-1932). En 1907, Broda établit un laboratoire « virtuel » de pensée sociale composé de journaux français, allemands et anglais, servant à promouvoir l'internationalisme et à fournir un espace d'échanges sur les politiques et

7 OCTOBRE 1894. — N° 1.

L'UNIVERSITÉ NOUVELLE

ORGANE DE L'ÉCOLE LIBRE D'ENSEIGNEMENT SUPÉRIEUR

ET DE

l'Institut des Hautes Études de Bruxelles

ADMINISTRATION : 22, RUE DES MINIMES, A BRUXELLES

Secrétaire de la Rédaction : LÉON HENNEBICQ

ABONNEMENT : **10** FRANCS

SOMMAIRE :

But et tendances du Journal. — Séance d'ouverture : Ordre du jour. — La Nouvelle Université de Bruxelles. — L'Union des Anciens Étudiants : L'inévitable scission. — Première réunion du corps professoral. — La Propagation de l'Idée nouvelle. — L'organisation de l'Enseignement à l'Université Nouvelle. — Liste des cours de l'École libre de l'Enseignement supérieur. — Liste des cours actuellement organisés à l'Institut des Hautes Études.

BUT ET TENDANCES DU JOURNAL

Les organisateurs de l'UNIVERSITÉ NOUVELLE DE BRUXELLES, qui ouvrira ses portes le 23 octobre prochain, ont fondé ce journal pour donner constamment aux idées directoires de cette œuvre la précision qui produira leur force et leur diffusion.

Les attaques ou l'indifférence de la presse stagnante devant une tentative aussi hardie et aussi salutaire, le besoin pour tous ceux qui ont collaboré à la création de l'établissement nouveau de se sentir constamment en accord intellectuel, l'utilité de se communiquer sans interruption les événements qui l'intéressent, les réflexions qu'ils font naître, les résolutions qu'ils commandent, rendent évidente l'opportunité d'une publication périodique destinée non seulement à nos amis et à nos partisans de Belgique, mais aux nombreux étrangers qui ont suivi avec intérêt la crise universitaire et qui applaudissent aux efforts tentés chez nous pour affranchir l'Enseignement supérieur de la déprimante influence du Doctrinarisme.

Le journal aura donc, au début, les caractères d'un organe de propagande, et, le cas échéant, de polémique. Plus tard, quand la nouvelle École sera définitivement assise, que l'opinion se sera familiarisée avec elle, que la période de combat sera clôturée ou apaisée, il entrera peu à peu dans la voie scientifique, tenant ses lecteurs au courant des faits relatifs à l'enseignement universitaire, publiant des leçons intéressantes, s'efforçant de se faire l'intermédiaire de tous ceux qui pensent qu'il est peu de questions méritant plus de fixer l'attention.

N'est-il pas étrange qu'un aussi vaste établissement que l'Université libre, existant depuis un demi-siècle, n'ait jamais songé à avoir un journal, reliant son état-major de professeurs et son armée d'élèves? C'est que le mutisme et la crainte des discussions publiques font partie de ce que l'esprit conservateur qui y règne et l'amoindrit, considère comme une obligation de prudence et une adresse de tactique.

L'ÉCOLE LIBRE et l'INSTITUT DES HAUTES ÉTUDES procèdent d'une conception différente de la science et de l'éducation des générations jeunes. On y veut en toute chose la vie, la lumière, l'agitation enthousiaste et féconde. On y croit que la sagesse calculatrice et prudente sont les signes d'une décadence. A ce titre, on y considère la presse et ses combats comme une expression nécessaire de l'activité intellectuelle ; loin de les redouter, on les appelle et on y convie les hommes et les étudiants.

Notre journal est donc une tribune ouverte à quiconque, sans distinction d'opinions, y voudra monter, pourvu qu'il soit ami du progrès, adversaire du piétinement sur place, et qu'il ait, comme nous, pour devise : En avant! toujours en avant, sans se préoccuper des difficultés et des résultats! La plus efficace des tactiques, le plus puissant des systèmes, est d'obéir à l'universelle poussée du temps extraordinaire dans lequel les contemporains ont la chance de vivre. Y résister, essayer d'entraver cet élan est d'un ignorant, d'un fou ou d'un imbécile.

Bruxelles, le 24 Avril 1907
28, RUE DE RUYSBROECK

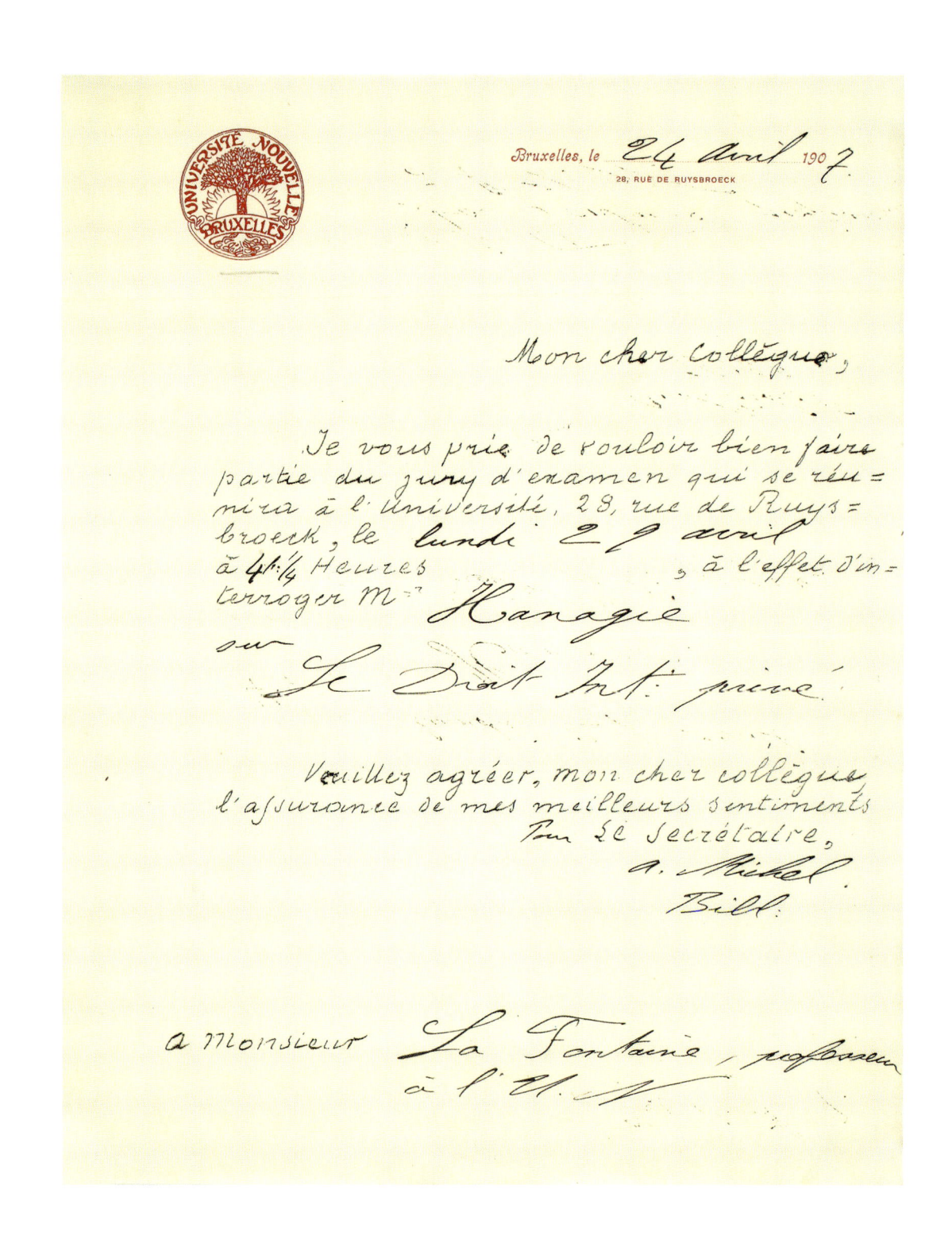

Mon cher collègue,

Je vous prie de vouloir bien faire partie du jury d'examen qui se réunira à l'Université, 28, rue de Ruysbroeck, le lundi 29 avril à 4½ Heures, à l'effet d'interroger M. Hanagié sur Le Droit Int¹ privé.

Veuillez agréer, mon cher collègue, l'assurance de mes meilleurs sentiments
Pour le Secrétaire,
A. Michel.
Bill.

A Monsieur La Fontaine, professeur à l'U.N.

les expériences sociales[18]. La Fontaine supporte activement cette entreprise, qui rejoint ses préoccupations internationalistes et réformistes.

L'internationalisme de La Fontaine

Quel rapport y a-t-il entre le travail mené par La Fontaine en sociologie et la partie la plus connue de son activité, à savoir l'internationalisme et l'une de ses variantes, le pacifisme ? Nous avons abordé l'implication de La Fontaine dans la SESP. Cette organisation se place, à certains égards, dans la continuité de l'Association internationale pour le progrès des sciences sociales, qui illustre la quête conjointe de la paix sociale et de la paix internationale. Cette organisation est dissoute en 1867 et son travail est donc antérieur à l'entrée de La Fontaine dans l'âge adulte. Cependant, Auguste Couvreur, avec lequel il collabore à la SESP, fut une personnalité importante de cette association. Cet homme politique libéral constitue donc le lien entre cet antécédent internationaliste et les aspects sociologiques abordés dans cet article.

La collaboration entre La Fontaine et Couvreur précède la SESP et trouve son origine dans les idées et les activités pacifistes. En 1880, le militant britannique Hodgson Pratt (1824-1907) crée l'*International Arbitration and Peace Association*. Son organisation met en avant de nombreuses questions qui deviendront des éléments-clés de la campagne pacifiste, notamment l'extension du droit international et l'introduction de mécanismes d'arbitrage effectifs. Après les débuts à Londres, Pratt entreprend d'étendre le rayon d'action de l'*International Arbitration and Peace Association* au-delà de la Grande-Bretagne, bien qu'avec des succès variables. En Belgique, il réussit à établir des contacts avec des militants qui l'aident à organiser un congrès international à Bruxelles en 1881. À la suite de cet événement, La Fontaine et Couvreur travaillent à établir une section belge de l'organisation de Pratt. En 1889, leurs efforts aboutissent à la création de la Société belge de l'arbitrage et de la paix, dont La Fontaine est secrétaire général. Dans les années suivantes, La Fontaine émerge comme figure dominante du mouvement pacifiste international, ce qui l'amènera à devenir le président du Bureau international de la paix en 1907.

Les années 1890 et le début des années 1900 sont donc une période durant laquelle La Fontaine occupe une position montante dans le pacifisme international, tout en restant actif à Bruxelles, dans le domaine de la sociologie et au Parti ouvrier belge. À ses yeux, ces activités sont étroitement liées. Alors que certains socialistes restent critiques à propos du « pacifisme bourgeois », il conçoit la paix comme « un des meilleurs moyens d'assurer le

Lettre du secrétaire de l'Université nouvelle (24 avril 1907) invitant Henri La Fontaine à faire partie d'un jury d'examen

---

[18] Christophe VERBRUGGEN et Julie CARLIER, « Transnational Laboratories of Social Thought. The Advocacy Network(s) of the *Institut international pour la diffusion des expériences sociales et Les Documents du Progrès* (1907-1916) », in : W. Boyd RAYWARD (dir.), *Information beyond Borders* (à paraître en 2013).

triomphe du socialisme[19] ». Pour lui, les relations pacifiques sont nécessaires à « une législation sérieuse du travail » car en temps de guerre « les pays qui l'établiraient les premiers seraient fatalement écrasés ». Il exprime également ses inquiétudes à propos de l'armée en tant que force capable d'écraser les socialistes. Un tel activisme suggère qu'il n'est pas toujours opportun de subdiviser l'internationalisme en différentes catégories (socialiste, pacifiste, féministe, scientifique) : pour beaucoup de ses acteurs, il s'agit d'un projet holistique. Par ailleurs, l'activisme de La Fontaine attire particulièrement l'attention dans le contexte belge, où l'internationalisme transcende parfois les clivages idéologiques qui existent dans d'autres domaines. La Fontaine lui-même incarne et favorise ces connexions.

Henri La Fontaine, sans date (photographie Géruzet Frères, Bruxelles)

Henri LA FONTAINE, texte manuscrit [1890] (Mundaneum, Papiers personnels d'Henri La Fontaine, boîte 150, dossier 3).

Note manuscrite d'Henri La Fontaine, 6 avril 1934*

« Le pétrole
Son règne actuel et prochain.
Il y a 50 ans remède de bonne femme. Aujourd'hui un des maîtres du monde si pas le maître du monde.
Empire des mers par le mazout.
Empire des airs par les essences légères.
Empire du sol par les essences et les pétroles lampants.
Empire économique par la puissance financière de ceux qui en disposent [...].
Seulement toute cette politique de rapaces et de barbares ne sera-t-elle pas paralysée bientôt par l'invention d'un moteur plus puissant, plus simple, moins cher que ceux qu'anime l'énergie accumulée dans le pétrole ? Il faut l'espérer et je participe à cette aventure révolutionnaire et salvatrice. »

* Mundaneum, Papiers personnels d'Henri La Fontaine, boîte 87

Henri La Fontaine et Léopold III
(1930-1935)

« Ma doctrine s'appelle le collectivisme. Tout en effet est collectif dans le monde des choses et des idées malgré les erreurs qui ont prévalu dans certains milieux. La terre est l'habitat collectif des êtres humains que l'énorme majorité des hommes appelle leurs semblables. »

Lettre d'Henri La Fontaine à l'abbé Froidure, 15 juin 1942 (Mundaneum, Papiers personnels d'Henri La Fontaine, boîte 56, dossier n° 4)

Henri La Fontaine au service du socialisme belge

Gwenaël Vande Vijver

La Fontaine trace son chemin vers le socialisme

Sur les conseils de son père, Henri La Fontaine entreprend des études de droit à l'Université libre de Bruxelles, études qui l'ouvrent aux idées politiques nouvelles. Après sa formation, il entame ses stages d'avocat le 24 octobre 1877. Il est successivement stagiaire de Jules Bara[1] et d'Auguste Orts[2]. L'année suivante, il devient collaborateur d'Edmond Picard[3].

Il est initié en 1882 à la franc-maçonnerie chez les *Amis philanthropes* à l'âge de vingt-huit ans. Il y rencontre Auguste Couvreur, qui le persuade de se joindre à lui pour créer la Société d'études sociales et politiques. La Fontaine occupe le poste de secrétaire et rencontre des membres de l'intelligentsia de l'époque, actifs dans les milieux progressistes : Paul Héger[4], Hector Denis[5], Eugène Goblet d'Alviella[6], Louis de Brouckère[7] ou encore Léon Vanderkindere[8].

Entre la fin de ses études et 1895, il fréquente de nombreuses personnalités mais semble hésiter à marquer clairement son adhésion au parti socialiste ou aux libéraux progressistes.

Charles Magnette (1893-1937, avocat et sénateur) et Henri La Fontaine, vers 1930

---

[1] Jules Bara (1835-1900) est avocat et porte une attention particulière au droit international. Homme politique libéral, il représente Tournai à la Chambre (1862-1899) et est également sénateur du Hainaut (1894-1900). Il occupe le poste de ministre de la Justice de 1864 à 1870 et de 1878 à 1884.

[2] Auguste Orts (1814-1880) est avocat et historien. Il est conseiller communal libéral de Bruxelles dès 1856. Il siège à la Chambre de 1848 à 1880.

[3] Edmond Picard (1836-1924) est avocat. Il est sénateur provincial du Hainaut de 1894 à 1908. Il est aussi actif au sein des milieux littéraires belges.

[4] Paul Héger (1846-1925) est physiologiste. L'Institut de physiologie est créé selon ses plans.

[5] Hector Denis (1842-1913) siège au Parlement en tant que représentant de Liège (1894-1913). Il se consacre plus particulièrement à l'enseignement.

[6] Eugène Goblet d'Alviella (1846-1925) est docteur en droit et en philosophie et lettres. Il est notamment représentant libéral de Bruxelles (1878-1884).

[7] Louis de Brouckère (1870-1951) est docteur en sciences. Représentant socialiste, il occupe les fonctions de conseiller provincial du Brabant et de sénateur coopté.

[8] Léon Vanderkindere (1842-1906) est avocat et historien. À trois reprises, de 1880 à 1891, il est recteur de l'ULB.

En 1877, il rejoint les rangs de l'Association libérale de Bruxelles mais il n'approuve pas son radicalisme. Toutefois, bien qu'il adhère au Parti ouvrier belge (POB) dès sa création en 1885, il ne démissionne pas de l'Association libérale. La Fontaine est l'ami du futur grand patron du parti : Émile Vandervelde. Les liens qui unissent les deux hommes trouvent leurs origines dans le Club alpin belge. Dans *Souvenirs d'un militant socialiste*, Émile Vandervelde s'attribue d'ailleurs l'entrée de son ami au POB. La Fontaine ne réfute pas cette influence : « Nos fréquentes et longues excursions dans les Alpes m'ont autant décidé à mettre la main à la pâte et à apporter mon concours à la lutte menée par le POB[9]. »

Vandervelde introduit La Fontaine dans le Cercle des étudiants et des anciens étudiants socialistes lors de sa fondation en 1889. Le programme du groupe est représentatif des préoccupations de ces intellectuels : développement de l'enseignement populaire, réglementation du travail et fédération internationale des cercles socialistes universitaires. Ce dernier point aboutira à la tenue du premier Congrès international des étudiants socialistes qui se déroule à la Maison du Peuple de Bruxelles en 1891. Ce congrès est présidé par La Fontaine qui mène les discussions sur la doctrine collectiviste et la promotion de la paix. Le cercle instaure la Section d'art et d'enseignement de la Maison du Peuple qui tente de mettre sur pied une politique culturelle. Les fondateurs veulent ainsi rendre accessibles au public ouvrier les créations les plus contemporaines des cercles d'élites artistiques de la capitale. Henri La Fontaine, spécialiste de l'œuvre de Richard Wagner, donnera de nombreuses conférences sur ce sujet.

Sa participation à l'hebdomadaire *La Justice* constitue l'étape décisive de son passage à l'action politique socialiste. Le comité rédactionnel de ce journal, publié entre 1893 et 1895, est composé de La Fontaine et de Louis Furnémont[10]. *La Justice* est représentatif des divergences qui traversent le Parti

Émile Vandervelde, vers 1913
(carte postale Dubetz)

[9] Institut Émile Vandervelde, fonds Cercle d'art et d'enseignement de la Maison du Peuple de Bruxelles, lettres de Paul Deutscher, n° 196, lettre d'Henri La Fontaine à Paul Deutscher, 16 avril 1898, p. 1.

[10] Louis Furnémont (1861-1927) occupe le poste de conseiller communal en tant que représentant libéral progressiste de Bruxelles (1894-1904). Après son passage au POB, il est, notamment, député socialiste de l'arrondissement de Charleroi.

Congrès des étudiants socialistes de 1891, devant la Maison du Peuple, rue de Bavière à Bruxelles (la date mentionnée sur la photo est erronée)

libéral, divisé entre les radicaux-socialistes et les progressistes. Le but poursuivi par le comité rédactionnel du journal est d'attirer les progressistes vers les tendances qu'ils défendent.

La Fontaine est le représentant de la Coopérative La Justice au Congrès de la Deuxième Internationale socialiste à Zurich en 1893. Le Congrès universel de la paix, qui regroupe les associations pacifistes, s'ouvre cette même année aux partis ouvriers, laissant entrevoir la possibilité d'une collaboration. Henri La Fontaine, qui occupe un rôle central au sein du mouvement pacifiste belge, rencontre Jean Volders[11] dans la Commission Démocratie socialiste et guerre. Ils sont convaincus qu'il n'existe pas de différences fondamentales entre les deux mouvements et amènent le POB à tenter une légère ouverture vis-à-vis des mouvements de la paix en Belgique. La Fontaine est véritablement enthousiasmé par ce congrès. Néanmoins, des divergences – tant au niveau de la doctrine que des méthodes – apparaissent rapidement entre les socialistes et les défenseurs de la paix. Hodgson Pratt[12], éminent représentant du pacifisme européen, insiste auprès de lui sur la nécessité d'occuper un mandat politique pour assurer la promotion de ses idées.

La Fontaine devient un rouage du POB dès 1895 en entamant sa longue carrière politique avec un mandat de sénateur provincial du Hainaut. Il démissionne alors officiellement de l'Association libérale et rédige ces quelques mots : « Les difficultés insurmontables pour ces hommes [les libéraux] les mieux trempés et les plus généreux d'échapper aux influences de leur milieu, de leur éducation, [font que] des idées nouvelles sont adoptées mais ne sont plus assimilées. [...] Or c'est la pensée qui fait agir. C'est pourquoi je vais vers ceux qui pensent comme je pense et qui veulent agir comme ils pensent. Des paroles ne peuvent plus convaincre malgré toute leur éloquence lorsque les actes de ceux qui les prononcent les dénaturent et les nient[13]. »

Ses préoccupations de 1895 à 1914

Henri La Fontaine entre au Sénat à la suite de la démission de Jules Bufquin des Essarts[14]. Des journaux comme *L'Étoile belge* ou *La Gazette* jugent son idéalisme trop important pour qu'il puisse occuper une

Annonce d'une conférence sur Mozart, donnée par Henri La Fontaine à la Section d'art et d'enseignement populaires en 1902

> **Elections Législatives du 22 Mai 1898**
>
> **CARNIÈRES**
>
> JEUDI 19 MAI, à 5 heures du soir
>
> chez THIRIMONT Alphonse (tout vent)
>
> # CONFÉRENCE
>
> PUBLIQUE ET CONTRADICTOIRE
>
> par le sénateur Henri LAFONTAINE
>
> *Un pressant appel est fait aux habitants pour assister nombreux à cette importante assemblée.*
>
> *ÉLECTEURS !*
>
> Le 22 mai prochain, votez, votez en masse pour la liste N° 3 qui porte les noms de :
>
> **Berloz,** député sortant
> **Grimard,** avocat près la Cour d'appel
> **Walthéry,** armurier.
>
> Imp. Émile Saintes, Haine-St-Pierre. 3067
>
> *Electeurs, votez tous pour la liste N° 3 — les défenseurs de la classe ouvrière.*

fonction politique. *Le Peuple*, principal organe socialiste, soutient le nouveau mandataire en répondant directement à ces attaques : « *La Gazette* et *L'Étoile* trouvent le sénateur trop idéaliste, tant mieux, qu'on nous donne des hommes qui croient encore à l'idéal et puissent-ils nous débarrasser du réalisme abject qui étouffe tous les enthousiasmes et dessèche tous les cœurs[15]. »

Outre son intérêt pour les questions internationales, La Fontaine concentre son combat autour de quelques thématiques liées à l'émancipation et au rapprochement entre les

Annonce d'une conférence donnée par Henri La Fontaine à Carnières (dans le Hainaut) lors de la campagne des élections législatives de 1898

---

[11] Jean Volders (1855-1896) est un journaliste et un homme politique belge. Il est l'un des fondateurs du POB et du journal *Le Peuple*, organe du parti.

[12] Hodgson Pratt (1824-1907) est un pacifiste anglais, fondateur de l'*International Arbitration and Peace Association*. Il a participé à la création du Bureau international de la paix en 1891.

[13] Mundaneum, Papiers personnels d'Henri La Fontaine, boîte 162, farde « Parti libéral progressiste », minute de La Fontaine, *circa* décembre 1894.

[14] Jules Bufquin des Essarts (1849-1914) est sénateur provincial du Hainaut pour le POB (1894-1895). Il dirige dès 1880 *Le Journal de Charleroi*.

[15] « Le nouveau sénateur socialiste » in : *Le Peuple*, n° 120, 30 avril 1895, p. 1.

peuples. Il ne s'investit que très peu dans le fonctionnement de l'appareil du parti et refuse de s'intéresser aux matières locales.

Au Sénat, Henri La Fontaine participe activement au combat pour l'obtention du suffrage universel. En 1895, le projet de loi déposé par le gouvernement sur la réforme du système électoral suscite la colère des mandataires socialistes qui la surnomment la « loi des quatre infamies ». La réforme augmente l'âge requis pour être électeur, qui passe de 25 à 30 ans. Trois ans de résidence sont nécessaires pour pouvoir voter, ce qui exclut les ouvriers qui sont, pour des raisons économiques, une population à grande mobilité. De plus, elle établit une corrélation entre le montant de l'impôt payé et le nombre de voix. La dernière discrimination est le renforcement de l'iniquité du vote plural par l'octroi d'une quatrième voix aux électeurs diplômés ou qui possèdent un immeuble dont le revenu cadastral s'élève à 150 francs au moins. La Fontaine affirme qu'une infime minorité mène le monde. À cette époque, la Belgique compte seulement 1,4 million d'électeurs pour une population estimée en 1894 à 6,4 millions[16]. Il interpelle les sénateurs en leur expliquant le danger d'avaliser des lois qui ne prônent pas le suffrage universel pur et simple. La Fontaine prône la grève générale comme moyen de pression pour obtenir ce droit. Il participe aux comités internes du POB qui se réunissent sur la question. Dans son optique, ce suffrage doit être vraiment universel et pas uniquement réservé aux hommes. Le sénateur, membre de l'*International Alliance for Woman Suffrage*, affirme que pour assurer l'égalité de tous, les femmes aussi doivent avoir le droit de suffrage. Sa sœur, Léonie La Fontaine, elle-même une féministe active, le harcèle continuellement pour qu'il défende cette idée.

Reçu pour la somme de 1 000 francs donnés par Henri La Fontaine au Parti ouvrier belge pour soutenir la grève générale menée en 1913 en vue d'obtenir le suffrage universel

Henri La Fontaine au service du socialisme belge

```
UNIVERSITÉ POPULAIRE                    LOCAL :
    D'ETTERBEEK                    4, RUE DE L'ETANG
                                  (ENTRÉE PARTICULIÈRE)


        JEUDI 28 JANVIER 1909, à 8 1/2 h. précises du soir

       La conférence que fera M. H. LA FONTAINE, sénateur, aura
pour sujet :
            LES SYNDICATS OUVRIERS
          (LEUR BUT, LEUR ORGANISATION, LEUR IMPORTANCE)

        Le Secrétaire.                        Le Président.
        M. PARMENTIER                         A. VAN GELE

    Dimanche 24 janvier 1909. — Visite du Salon de l'Automobile et de la section
    de l'Aviation, où sont exposés plusieurs aéroplanes. — Réunion à 10 1/4 h. précises
    à l'entrée du salon, sous l'arcade du Cinquantenaire. (Se munir de la carte de membre).
    L'entrée ne sera autorisée qu'en groupe.

    Bien remarquer que la conférence du lundi 25 est reportée au jeudi 28.
```

En 1901, tandis qu'une majorité se forme au sein du Conseil général pour que le suffrage des hommes soit accordé avant celui des femmes, La Fontaine s'obstine pour que le futur projet de loi de Vandervelde accorde une place à la défense des intérêts féminins.

La Fontaine est par ailleurs très préoccupé par l'enseignement et défend sa neutralité. L'éducation est une question récurrente au sein des mouvements de la paix. Ceux-ci partent du principe qu'il est nécessaire d'avoir un peuple éduqué pour que leurs idées soient comprises. Alors que la « guerre scolaire » est à peine terminée, La Fontaine combat le projet de loi déposé par Schollaert en 1895 qui vise à rétablir l'enseignement obligatoire de la religion, rendu facultatif et donné en dehors des heures de cours depuis 1879. De surcroît, ce projet octroie des subventions à près de 1 500 écoles primaires qui acceptent les programmes légaux et le contrôle de l'État. Pour Henri La Fontaine, le financement par l'État des écoles confessionnelles est inacceptable. Ainsi, il interpelle les catholiques en leur demandant s'il ne leur semble pas indigne de recourir à des subsides en provenance

Annonce d'une conférence donnée par Henri La Fontaine à l'Université populaire d'Etterbeek sur les syndicats ouvriers, 1909

16 Le suffrage universel masculin pur et simple ne sera acquis en Belgique qu'en 1919. Les femmes n'obtiendront le droit de vote qu'en 1948.

du patrimoine des dissidents. Il accorde énormément d'importance aux bibliothèques, indispensables pour favoriser l'instruction populaire. Prenant exemple sur les États-Unis, il demande l'augmentation des moyens accordés à la Bibliothèque royale et la centralisation des bibliothèques de Bruxelles. Au sein du mouvement socialiste, il soutient les initiatives visant à développer des bibliothèques dans les Maisons du Peuple. Il assure aussi, d'après les principes de l'Institut de bibliographie, la mise en valeur de fonds comme à la Coopérative Le Progrès de Jolimont en 1905, installée dans la première Maison du Peuple créée en Belgique.

Il se consacre énormément à la législation du travail. Il milite pour la reconnaissance des unions professionnelles. Il dénonce les conditions de travail difficiles dans les mines et propose que les inspecteurs des mines soient désignés par le Conseil du travail et de l'industrie qui existe depuis 1887. Le sénateur trouve essentiel de défendre ce sujet au niveau international car il n'est pas satisfait par l'attitude de la Belgique lors de la signature des conventions internationales du travail. Il reproche au gouvernement de nommer des représentants dont les intérêts sont opposés à ceux des travailleurs.

Enfin, il faut souligner qu'un de ses autres combats concerne la lutte contre la prolifération de l'alcool et des jeux de hasard. Au nom du POB, il met régulièrement en avant les effets néfastes de ces « drogues ».

La Fontaine, militant pour une société collectiviste

Henri La Fontaine adhère au socialisme car sa dimension internationaliste répond à son besoin de nouer des alliances au niveau européen. Il est attiré par le collectivisme qui connaît un grand succès auprès de socialistes comme Hector Denis ou Émile Vandervelde. Dès 1893, il commence à rédiger des articles dans *La Justice* sur cette manière d'organiser la société. Quatre années plus tard, il formalise sa pensée dans *Le Collectivisme*[17]. Il prône une évolution de la société et justifie l'entrée du POB au Parlement en disant que « les révolutions bourgeoises, faites à coup de fusil et sur des barricades, étaient de sinistres parades qui n'ont rien modifié à l'évolution[18] ».

La Fontaine prône la suppression des intermédiaires entre les consommateurs et les producteurs car l'outillage commercial (postes, télégraphes, chemins de fer, banques, etc.) appartient à tout le monde. Conscient de son origine bourgeoise, il précise le rôle des intellectuels dans la révolution en affirmant l'égalité entre l'ouvrier et le savant. La Fontaine n'a toutefois jamais adhéré à la théorie de Marx ni au communisme russe. En 1917, il est de ceux qui expriment beaucoup de craintes à l'encontre de Lénine. Comme la doctrine collectiviste l'établit, le travail est vu comme l'élément régulateur de la société, source de plaisir. Le collectivisme ne détruit pas la famille, au contraire, il la revalorise.

Maison du Peuple de Bruxelles (rue Stevens), dessinée par Victor Horta (carte postale, édition Goebbels, sans date)

La Fontaine défend avec ferveur cette théorie. Cette volonté de concrétiser son projet de société l'amène à participer à la Maison du Peuple de Bruxelles et aux coopératives. Il participe aux montages financiers qui permettent le développement des activités de la Maison du Peuple et la gestion de la Prévoyance sociale, dont l'objectif est de proposer un service d'assurances aux ouvriers, l'amène à s'impliquer dans le fonctionnement de l'institution.

Un spécialiste des questions internationales au service du POB

Dès son entrée au Sénat, La Fontaine est membre de la Commission des Affaires étrangères. Il en assume rapidement la vice-présidence puis la présidence. Sans cesse, il remet en question le statut de neutralité imposé à la Belgique, qui empêche le pays de conclure des accords avec les autres puissances et de jouer un rôle sur la scène internationale[19]. Il milite pour que la Belgique opte pour l'arbitrage international. Dans le mouvement pacifiste, il s'inscrit dans le courant qui espère l'instauration de la paix par les tribunaux.

---

17. *Le Collectivisme*, Namur : Louis Roman (Bibliothèque de « La Bataille »), 2 tomes, 1897, 31 et 32 p.
18. Henri LA FONTAINE, « Phase parlementaire », in : *La Justice*, 21 avril 1895, n° 16, p. 1.
19. Ce statut a été adopté dans le cadre du Traité des XXIV articles à la Conférence de Londres le 14 octobre 1831 pour éviter que la Belgique ne s'allie avec la France.

La Fontaine critique toujours les mesures protectionnistes. Dans l'une de ses premières interventions au Sénat, il définit le protectionnisme comme étant « la guerre des classes à l'intérieur du pays[20] ». Son intérêt pour l'économie internationale part du constat que de nombreuses guerres s'expliquent par les droits de douane prohibitifs appliqués aux productions étrangères. Dès lors, la solution est de supprimer toutes ces entraves.

La Fontaine joue un rôle important pour le POB lorsque la question du Congo se pose pendant la campagne électorale de 1906. Le POB institue une commission interne chargée de remettre des propositions. Vu son intérêt pour les questions internationales, La Fontaine participe à cette commission. Il prône l'exercice par la Belgique d'une tutelle sur le Congo en délégation et sous la responsabilité d'un Conseil des Nations. La Belgique ne retirerait aucun avantage financier de ce système.

Durant les années 1912-1913, Henri La Fontaine déploie une intense activité afin d'enrayer la montée du nationalisme. Au sein du Bureau socialiste international (BSI), établi au siège du POB et dirigé par Vandervelde et Louis de Brouckère, il participe aux assemblées extraordinaires sur la situation internationale, qui étudient une possible entente pour empêcher les activités belliqueuses. La Fontaine rédige à deux reprises la résolution finale du BSI décrétant que le devoir de la classe ouvrière est, dans le cas du déclenchement de la guerre, d'utiliser tous les moyens pour qu'elle cesse rapidement. Il est délégué au Congrès socialiste international de Bâle en 1912. Il diffuse également ses conceptions au sein de la revue *The International Socialist Review*.

Au Sénat, il demande au gouvernement de s'atteler à la recherche de solutions diplomatiques pour empêcher l'éclatement du conflit. Il stigmatise l'absence de son pays et d'autres gouvernements européens au sein des conférences de paix.

Le peu d'attention réservée en Belgique à l'octroi de son prix Nobel de la paix le 10 décembre 1913 est révélateur du peu d'importance accordée aux démarches de La Fontaine. Alors qu'il est vice-président du Sénat, il n'est pas félicité officiellement par les autorités belges.

Sa conception de la société internationale finalisée durant la Première Guerre mondiale

Pour La Fontaine, il est essentiel que l'Internationale socialiste change radicalement son attitude concernant la politique de défense militaire. À propos des résolutions passées,

Affiche annonçant des conférences organisées dans le cadre de la Semaine internationale du travail à Londres en mai 1915, sur le thème « La religion et le mouvement ouvrier international ». La conférence d'Henri La Fontaine sera annulée car il part pour les États-Unis peu avant qu'elle n'ait lieu

[20] Annales parlementaires, suite de la discussion du projet de loi portant exemption du droit de fanal, établissement d'un droit d'accise sur la margarine et modification du tarif des douanes, séance du 4 juillet 1895.

INTERNATIONAL LABOUR WEEK

May 1st—7th, in Browning Hall, Walworth

RELIGION and the International LABOUR MOVEMENT

Will be put in Mutual Relation in Addresses by **French, Belgian, Swiss, Scandinavian, & British Labour Leaders**

May 2nd, Sunday, 3.30 p.m.
Einar Li
Labour Member of Norwegian Parliament.

May 3rd, Monday, 8.30 p.m.
Jean Longuet
Socialist Member of French Chamber of Deputies ; Grandson of Karl Marx.
Chairman: **JAMES PARKER, M.P.**

May 5th, Wednesday, 8.30 p.m.
Henri La Fontaine
Professor of International Law ; Belgian Socialist Senator.

May 7th, Friday, 8.30 p.m.
Editor Wirz
Of the Swiss Labour Movement.

May 4th, Tuesday, 8.30 p.m.
Right Hon.
Arthur Henderson, M.P.
Chairman of the British Labour Party.

May 1st, Labour Day, 8.30 p.m.
Emile Vandervelde
Belgian Minister of State ; President of the International Socialist Bureau.
Chairman: **G. N. BARNES, M.P.**

ALL SEATS FREE :: COLLECTIONS

May 6th, Thursday, 8.30 p.m.
George H. Roberts, M.P.
Labour Member for Norwich.

GARDEN CITY PRESS LIMITED (Trade Union and 48 Hours), LETCHWORTH.

il affirme que « nous avons manqué de précision et nous avons craint d'adopter les points de vue des pacifistes d'origine bourgeoise. Et maintenant c'est dans une union intime avec les éléments bourgeois que nos camarades se font trouver la peau sur le front et se massacrent mutuellement[21] ». L'incapacité du mouvement socialiste à empêcher la guerre n'a pas encore ébranlé sa croyance en cette doctrine. Aux côtés d'Émile Vandervelde, il représente la Belgique en qualité de délégué du Bureau socialiste international à la première conférence interalliée qui se déroule à Londres le 14 février 1915.

Après un passage à Londres, il se rend aux États-Unis dès 1915. Son objectif est d'unifier tous les mouvements de la paix. Par ce geste fort, il se différencie de la plupart des pacifistes européens traumatisés par le déclenchement de la guerre. Lors de son séjour, il critique régulièrement le gouvernement d'union nationale et son cher Émile. Ce dernier lui répond que « de l'autre côté de l'Atlantique, vous avez le temps de philosopher et de songer aux idées générales[22] ». À partir de ce moment, les relations entre les deux hommes perdent de leur intensité.

Aux États-Unis, La Fontaine, auréolé de son statut de Prix Nobel, donne de nombreuses conférences. Il rédige également *Magnissima Charta*, œuvre magistrale et en avance sur son temps. 127 articles détaillent l'organisation du pouvoir judiciaire international. La Fontaine affirme la nécessité d'organiser une force de contrainte mondiale. Les articles

La délégation belge au Congrès socialiste international, Genève, 1920 (photographie F. H. Julien, Genève)

30 à 37 des annexes décrivent la procédure à mener si un État refuse de respecter ses obligations internationales ou d'obtempérer à une décision émanant d'une juridiction internationale. La juridiction de contentieux statue alors sans attendre une requête d'un membre de la Conférence des États dans une logique d'autonomie du pouvoir judiciaire sur les mesures à prendre.

La Fontaine, représentant officiel de la Belgique

La Conférence de la paix de Versailles s'ouvre le 18 janvier 1919 avec pour objectif de déterminer le sort des Allemands. Henri La Fontaine est un des trois délégués techniques de la Belgique chargés d'aider Émile Vandervelde. Il n'est pas satisfait de la place accordée à son pays, qui n'a été invité que très tardivement aux conférences interalliées. Dans *Le Peuple*, il affirme que la Belgique va être la « poire » de la Conférence de la paix. Il critique l'asphyxie économique de l'Allemagne qui se profile et attaque la position dominante de la Grande-Bretagne. Il se montre très déçu par la Société des Nations (SDN) créée après la ratification du traité de Versailles le 10 janvier 1920. Elle n'est, selon lui, « qu'une vaste fumisterie destinée à assurer la prédominance aux quatre puissances et en fait aux deux nations anglo-saxonnes car la France et l'Italie sont devenues financièrement leurs vassales[23] ».

Henri La Fontaine est membre de la première délégation belge envoyée à la Société des Nations en 1920. Celle-ci est composée d'un représentant de chaque grande force politique. La nomination de La Fontaine n'est que très peu commentée dans les journaux de l'époque. Même si cette nouvelle institution n'est pas celle qu'il préconise dans *Magnissima Charta*, il œuvre activement pour qu'elle bénéficie d'un soutien. Au Congrès de Genève de 1920 de l'Internationale socialiste, il démontre que le mouvement doit s'intéresser à la SDN. Il ne reçoit toutefois pas d'appui. Lors de son mandat à la SDN, il lutte pour augmenter le nombre de cas où la Cour de justice internationale peut intervenir. Il s'intéresse par ailleurs aux questions de coopération intellectuelle, à l'emploi de l'espéranto ou aux conditions de travail des femmes et des enfants.

À la suite d'une prise de position en faveur du peuple arménien, le gouvernement belge décide de ne pas renouveler son mandat en 1922. Henri La Fontaine ne comprend pas

---

[21] Mundaneum, Papiers personnels d'Henri La Fontaine, boîte 64, farde « Correspondance particulière de Brouckère », lettres de Louis de Brouckère à Henri La Fontaine, 2 novembre 1914 et 10 juillet 1916.

[22] Mundaneum, Papiers personnels d'Henri La Fontaine, boîte 66, farde « Correspondance Émile Vandervelde », lettre d'Émile Vandervelde à Henri La Fontaine, 17 avril 1918.

[23] Mundaneum, Papiers personnels d'Henri La Fontaine, boîte 59, farde « Correspondance L », minute d'Henri La Fontaine à Lebendeff, 2 mai 1919.

Prolétaires de tous pays, unissez vous !
(Karl Marx)

Aimez vous les uns les autres !
(Jésus)

Ce jour-la, PREMIER MAI 1898, ceux que le Peuple avait élus pour le défendre par la parole, lui parlèrent ainsi, au milieu d'une foule immense :

"En cette heure de fête et de printemps, l'Évolution perpétuelle de la nature apparaît plus éclatante ; comme elle, gonfle-toi d'espoirs et prépare-toi pour la Vie Nouvelle.

O Peuple, prends conscience de tes droits et prends conscience de tes devoirs. Sois fraternel et bon ; des joies et des douleurs d'autrui, déclare-toi solidaire. Ne cherche pas ton bonheur ailleurs que dans le bonheur général. Partout respecte la faiblesse et la souffrance, chez la Femme, chez l'Enfant, même chez l'Animal et que la Force de tous protège la détresse des petits !

C'est tous les jours qu'il faut être Socialiste : la Foi nouvelle sera plus propagée par des actes quotidiens que par des discours. Sois soucieux de ta Dignité : Redoute les boissons qui enivrent et les passions qui avilissent. Méprise la résignation morne des épuisés et des lâches. Que le fécond esprit de Révolte te possède, et que la haine vigoureuse des choses mauvaises (mais non des hommes qui les conservent), enflamme ton fier courage.

Gloire aux Laborieux : le Travail honore et réconforte. Il est saint ! mais l'Excès de travail est maudit : il abrutit et déprime. Nous voulons la Journée de Huit Heures, pour que après huit heures de repos, huit heures encore chaque jour, tu puisses vivre avec les tiens, te distraire et t'instruire.....

Instruits-toi : les cours et les écoles, les journaux et les livres, sont des instruments de liberté. Bois aux fontaines de la Science et de l'Art ; tu deviendras alors assez puissant pour réaliser la Justice. Fais l'inventaire des idées et des religions : tu les trouveras multiples et contradictoires et tu seras Tolérant pour toute conviction sincère.

Tes frères sont, non seulement les hommes de ton pays, mais ceux de l'univers entier. Bientôt s'évanouiront les frontières ; bientôt viendra la fin des guerres et des armées. Chaque fois que tu pratiqueras les Vertus Socialistes de Solidarité et d'Amour, tu avanceras cet avenir prochain ; et, dans la paix et la joie, surgira le monde où, le devoir social de tous mieux compris pour le développement total de chacun, triomphera le Socialisme ! "

Et lorsqu'ils eurent ainsi parlé, ils distribuèrent des milliers de feuilles pareilles à celle-ci, afin que s'en gardât le Souvenir.

Ont signé : LA FONTAINE, Edmond PICART, sénateurs ; Jean CAELUWAERT, Ferdinand CAVROT, Jules DESTRÉE, Léopold FAGNART, Léon FURNÉMONT, Joseph LAMBILLOTTE, Henri LÉONARD, Émile VANDERVELDE, députés ; et pour le Comité Organisateur de la Manifestation : Paul PASTUR, président, ÉMILIO, secrétaire.

cette éviction. Même si la Société des Nations ne correspondait pas aux principes qu'il avait énoncés dans *Magnissima Charta*, il espérait pouvoir améliorer l'institution de l'intérieur. Il ne se trouve personne en Belgique pour soutenir sa cause et il s'en remet difficilement.

Une fin de carrière amère

Jusqu'en 1932, La Fontaine continue à assumer son mandat au Sénat. Il peut toujours traiter des sujets internationaux grâce à sa présidence de la Commission sénatoriale des Affaires étrangères à laquelle il demeure très attaché. Au sein du POB, son isolement augmente. Pour son Palais mondial installé au Cinquantenaire depuis 1920[24], il sollicite régulièrement des subventions mais il n'est pas soutenu.

Tract émis à l'occasion du 1er mai 1898 par le Parti ouvrier belge, signé par plusieurs socialistes dont Henri La Fontaine

Cortège du 1er mai, Bruxelles, [1930] : on y reconnaît Henri La Fontaine au deuxième rang à droite

[24] *Cf.* article de Bruno Liesen.

Au début du mois de décembre 1932, le Congrès provincial organisé par la Fédération liégeoise du POB ne retient pas La Fontaine comme candidat à l'obtention d'un poste de sénateur provincial, mettant un terme à un mandat qui aura duré près de vingt-huit ans. La Fontaine, convaincu d'être une figure éminente du parti, se dit « étonné, surpris, abasourdi, dégoûté même[25] ». En réalité, le Conseil général du parti s'est accordé pour permettre l'entrée de nouveaux sénateurs. Il est remplacé par Henri Rolin[26] qui, ironie de l'histoire, sera évincé dans des conditions similaires en 1965.

La Fontaine est très déçu et, en faisant référence à l'ouvrage d'Henri De Man, *Au-delà du marxisme*, dit qu'il écrirait bien *Au-delà du socialisme*[27]. Il reviendra toutefois brièvement lors de la session législative 1935-1936 en tant que sénateur du Brabant.

Conclusion

La majorité des dirigeants du POB sont issus de la bourgeoisie. Cette appartenance n'empêche pas leur accession, comme celle d'Émile Vandervelde, aux plus hautes instances du parti car ils arrivent à adapter leurs discours et à diriger les masses. Ce n'est pas le cas d'Henri La Fontaine, qui n'est pas un grand tribun. Ses conférences, fort demandées au début de son mandat, le seront de moins en moins. Son action au sein de la Maison du Peuple contribue à le discréditer car il propose des activités qui relèvent d'une culture bourgeoise. Il ne comprend pas toujours la complexité de son parti, structuré autour de plusieurs fédérations, et il ne passe pas par ces entités pour exposer ses idées.

Son adhésion au POB apparaît comme finalement logique au regard de ses relations, de son intérêt pour les questions du travail et de la paix, mieux défendues dans un parti internationaliste. Il contribue à la doctrine collectiviste en rédigeant une théorie originale. Son apport à ce parti est à rechercher dans des participations à des commissions, des avis rendus pour des questions internationales, des éclaircissements techniques sur des questions comme le système de suffrage. Henri La Fontaine est un idéaliste mais c'est précisément ce qui lui a permis de poursuivre son combat très longtemps malgré l'indifférence qui l'entourait parfois. Cet idéalisme ne l'empêche pas d'avoir une vision très claire de la société internationale à mettre sur pied. L'échec annoncé de la SDN montre que ces thèses auraient dû être mieux défendues.

---

[25] Mundaneum, Papiers personnels d'Henri La Fontaine, boîte 192, farde « Sénat Belgique divers incidents », discours pour l'élection à la tête du Sénat, *circa* 1930.

[26] Henri Rolin (1891-1973), avocat, est sénateur socialiste de 1933 à 1961. Il sera ministre de la Justice en 1946.

[27] Mundaneum, Papiers personnels d'Henri La Fontaine, boîte 74, farde « Éviction de LF comme sénateur de la province de Liège », minute de La Fontaine à Simoens, 14 janvier 1933.

Texte manuscrit d'Henri La Fontaine [1890]*

« Au point de vue socialiste.
On a dit que le triomphe du socialisme amènera l'établissement de la paix. Cela est probable, certain. Nous pensons cependant que l'établissement de la paix est un des meilleurs moyens d'assurer le triomphe du socialisme.
En effet qui dit socialisme dit une chose vague, socialisme intégral, collectiviste, anarchique, chrétien, communiste, rationaliste, broussiste, marxiste, guesdiste, allemaniste, d'État, de la chair.
Qui dit paix dit une chose précise comme celui qui dit journée de travail, repos hebdomadaire, appropriation du sol, émancipation de la femme, travail des femmes et des enfants, droit de grève, syndicats professionnels.
Comme ces diverses écoles socialistes sont d'accord sur ces questions, elles sont d'accord sur ce qu'est la paix. […]
Il y a plusieurs motifs pour que les socialistes fassent de la propagande pacifique :
I. Sans paix internationale impossibilité de réaliser une législation sérieuse du travail : les pays qui l'établiraient les premiers seraient fatalement écrasés.
II. L'armée est dirigée plus spécialement contre les socialistes. Il faut désarmer les classes dirigeantes. […] »

* Mundaneum, Papiers personnels d'Henri La Fontaine, boîte 150, dossier 3

Henri La Fontaine parmi d'autres sénateurs, dont Georges Barnich (de face) et Vincent Volckaert (de profil avec la barbe), écoutant un discours prononcé par Charles Magnette, vers 1930 (photographie Stone)

« Ce que nous voulons, c'est tuer la guerre, c'est mettre à mort le bellicisme, mais pas dans un siècle, mais demain, maintenant. Ceux qui préconisent la guerre, qui la défendent, devraient être cloués au pilori par l'humanité en attendant qu'une juridiction internationale les juge, les condamne. Nous ne voulons plus que nos cités soient bombardées, que des milliers de jeunes gens pourrissent dans des charniers, que des femmes et des enfants soient torturés par des gaz sinistres. Nous voulons le triomphe de la Vie sur la Mort, l'établissement de la Patrie humaine dans la concorde et la fraternité. »

Extrait du discours prononcé par Henri La Fontaine à la séance d'ouverture du XXVIIIe Congrès universel de la paix, Palais des Académies, Bruxelles, 1931

Le pacifisme européen au temps d'Henri La Fontaine

Jean-Michel Guieu (Université de Paris 1 – Panthéon-Sorbonne)

Le long apostolat d'Henri La Fontaine au service de la paix, des années 1880 jusqu'à sa disparition en 1943, prend son essor à une époque où le mouvement pacifiste connaît un véritable renouveau et jouit d'une influence croissante au sein des élites européennes. C'est le moment où le combat pour la paix finit par trouver, à l'aube du XXe siècle, son appellation définitive de « pacifisme », les anciens « pacifiques » préférant désormais se nommer « pacifistes ». C'est l'heure où les Conférences internationales de la paix de La Haye (1899 et 1907), tenues à l'initiative des gouvernements, paraissent consacrer les principales revendications du pacifisme organisé.

Mais les deux cataclysmes mondiaux déchaînés au cours de la première moitié du XXe siècle n'allaient-ils pas tragiquement démontrer les faiblesses du mouvement de la paix, par deux fois incapable d'empêcher le monde de sombrer dans la folie guerrière ? Le ralliement d'une minorité de pacifistes égarés à l'Europe hitlérienne, comme la récupération par les communistes à l'époque de la guerre froide du combat pour la paix, n'allaient-ils pas finir de discréditer dans la mémoire collective l'œuvre des militants de la paix ?

L'analyse du mouvement pacifiste à l'époque d'Henri La Fontaine nous invite donc à appréhender plus finement les spécificités du combat pour la paix à une période marquée par la concurrence de grandes idéologies, et à en réévaluer – au-delà de son échec immédiat en 1914 ou en 1939 – le rôle dans la légitimation et la diffusion de normes qui furent à l'origine des diverses institutions internationales expérimentées au cours du XXe siècle, telles la Société des Nations ou l'Organisation des Nations unies.

Photo prise à l'occasion d'une réunion de l'Assemblée de la Société des Nations, 1921

Henri La Fontaine, sans date (photographie Parker)

Le rayonnement croissant du mouvement pour la paix

Alors que l'Europe entre, au lendemain de la guerre franco-allemande (1870-1871) et du premier embrasement des Balkans (1875-1878)[1], dans une longue période de paix, le mouvement pacifiste fait preuve d'un réel dynamisme, qui se caractérise par l'apparition de nouvelles sociétés pacifistes un peu partout en Europe, la tenue quasi annuelle à partir de 1889 de Congrès universels de la paix, la création la même année de l'Union interparlementaire (à laquelle La Fontaine collabore activement à partir de 1895), regroupant des parlementaires désireux de promouvoir l'arbitrage international et la paix, puis la fondation en 1891 du Bureau international de la paix (BIP), destiné à coordonner l'activité des différentes associations pacifistes, et que La Fontaine préside sans discontinuer de 1907 à 1943.

En 1905, le BIP regroupait ainsi pas moins de 132 sociétés issues de 26 pays – majoritairement européens –, mais le mouvement de la paix présentait de forts contrastes d'un État

XXXVIII⁰ Congrès universel de la paix, Bruxelles, 1931 (photographie Photopresse, 7 juillet 1931)

[1] « Homme malade de l'Europe », l'Empire ottoman affronte alors une nouvelle révolte des populations slaves qui se trouve encore sous sa domination, provoquant l'intervention de la Russie (qui se voulait la protectrice des peuples slaves) et la défaite militaire des Turcs. Le traité de San Stefano (mars 1878) puis le Congrès de Berlin (juin 1878) consacrent une nouvelle étape du démembrement de l'Empire ottoman (Serbie et Roumanie deviennent totalement indépendantes, Bosnie et Herzégovine sont placées sous l'administration de l'Empire d'Autriche-Hongrie, etc.).

Carte postale émise à l'occasion du XIXᵉ Congrès universel de la paix, 1912

Conférence interparlementaire,
Vienne, 1903
(photographie *Die Zeit*)

à l'autre. C'est en Grande-Bretagne qu'il occupait ses positions de loin les plus solides, le pays abritant notamment la *Peace Society*, la plus ancienne société pacifiste créée dans le vieux monde (1816) et fortement marquée par l'influence des Quakers. Le pacifisme britannique rayonnait d'ailleurs au-delà des rives de la Manche, comme en témoigne la constitution, à la suite de l'organisation d'un congrès pacifiste à Bruxelles, en 1882, à l'initiative de l'*International Arbitration and Peace Association*, groupement d'origine britannique, d'une Société belge de l'arbitrage et de la paix dont Henri La Fontaine deviendra secrétaire général en 1889. En France, le pacifisme connaissait également une influence croissante, malgré une tendance à la dispersion des efforts (près d'une trentaine d'associations pacifistes en 1913), chaque milieu s'évertuant à faire en sorte que sa propre sensibilité fût expressément représentée : féministes, protestants, catholiques, francs-maçons, instituteurs, etc.

La plupart des pays d'Europe abritaient donc une ou plusieurs sociétés pacifistes, qui constituaient ainsi, à travers tout le continent, un réseau de militants dévoués dont l'horizon d'action dépassait les frontières nationales et qui possédait ses propres lieux de sociabilité (au premier plan desquels figuraient les Congrès universels de la paix et les Conférences interparlementaires[2]). Les figures les plus emblématiques du combat pour la paix se trouvèrent régulièrement récompensées du prix Nobel : en 1901, le Français Frédéric Passy (1822-1912), fondateur de la Société française pour l'arbitrage entre les nations et doyen de la communauté des pacifistes européens ; en 1902, les Suisses Élie Ducommun (1833-1906) et Albert Gobat (1843-1914), respectivement secrétaires généraux du Bureau international de la paix et de l'Union interparlementaire ; en 1905, la baronne autrichienne Bertha von Suttner (1843-1914), auteur du roman à succès *Die Waffen nieder* [*Bas les armes*] et présidente de la Société autrichienne des amis de la paix ; en 1907, le pacifiste italien Ernesto Teodoro Moneta (1833-1918), fondateur de l'*Unione Lombarda per la pace e l'arbitrato* ; en 1908, le Danois Fredrik Bajer (1837-1922), premier président du Bureau international de la paix, et le Suédois Klas Pontus Arnoldson (1844-1916), fondateur de la *Swedish Peace and Arbitration League* ; en 1911, Alfred Hermann Fried (1864-1921), créateur de la Société allemande de la paix ; et, en 1913, Henri La Fontaine lui-même.

Le rayonnement du mouvement de la paix s'étendait toutefois au-delà des seules sociétés pacifistes – qui ne rassemblaient généralement qu'un nombre plutôt réduit de membres – et englobait également certains secteurs de l'opinion publique, eux aussi réceptifs à l'idéal de la coopération pacifique entre les nations, comme en témoignent les listes d'adhérents aux Congrès de la paix ou les demandes d'affiliation au BIP : sociétés de libre pensée, associations féministes, loges maçonniques, universités populaires, mouvement coopératif, etc. Les milieux politiques et parlementaires trouvant, pour leur part, dans les réunions de l'Union interparlementaire le lieu idéal pour manifester leur attachement à la cause de la paix.

« Déshonorer la guerre »

Malgré des détracteurs encore nombreux[3], les pacifistes trouvaient donc plus facilement à faire entendre leur voix. Et c'est fort naturellement qu'ils consacraient leurs efforts de propagande à d'abord discréditer la guerre, en s'élevant contre les solides préjugés qui l'entouraient encore, dans une culture dominante qui célébrait toujours les valeurs guerrières : « monstrueuse erreur morale[4] » à laquelle le pacifiste français Charles Richet[5] (1850-1935) entendait bien mettre fin ; la guerre devait être pensée comme un crime, comportant un effroyable coût humain, qu'il chiffrait à un total de quinze millions de victimes pour l'ensemble des guerres du XIXe siècle[6].

Influencés par la pensée des économistes libéraux et des avocats du libre-échange, certains faisaient également valoir que la guerre était « anti-économique » (Frédéric Passy)

---

[2] De 1889 à 1914 se tinrent vingt Congrès universels de la paix et dix-huit Conférences interparlementaires.

[3] Émile FAGUET dans un ouvrage sur *Le Pacifisme* (Paris, 1908) caractérise cette doctrine comme une utopie antipatriotique et menaçante pour la sécurité.

[4] Charles RICHET, « Déshonorons la guerre », in : *Revue de la paix*, 1902, p. 27.

[5] Charles Richet, professeur de physiologie à la faculté de médecine de Paris, obtint le prix Nobel de médecine en 1913. Il fut l'un des plus ardents pacifistes de son temps, président notamment la Société française pour l'arbitrage entre les nations et la Délégation permanente des sociétés françaises de la paix.

[6] Charles RICHET, *Les Guerres et la paix, étude sur l'arbitrage international*, Paris, Schleicher Frères éditeurs, 1899, p. 35.

par les destructions qu'elle engendrait, alors que le commerce sans entraves permettait, lui, d'harmoniser les intérêts des nations et d'assurer la paix. Dans son best-seller publié en 1910, *The Great Illusion*, le Britannique Norman Angell[7] (1878-1967) expliquait pour sa part qu'en raison de l'interdépendance économique et financière croissante des nations, une nouvelle guerre serait une folie dont le vainqueur aurait à souffrir autant que le vaincu. Sensibles à l'avertissement lancé dans *La guerre de l'avenir* par Jean de Bloch (1836-1902), industriel d'origine polonaise et conseiller du tsar, les pacifistes craignaient surtout que toute nouvelle guerre ne cause en Europe des ruines et des souffrances dont nul ne pouvait avoir encore l'idée.

Toutefois, s'ils s'employaient à discréditer la guerre comme instrument de politique étrangère et à dénoncer la course aux armements qui aboutissait à une « paix armée » particulièrement redoutable, la grande majorité des pacifistes acceptaient l'éventualité d'une guerre défensive (au nom du droit de toute nation de se défendre en cas d'agression) et évitaient donc de critiquer trop frontalement l'effort militaire de leur propre nation afin de ne pas être considérés comme des traîtres. Ce « pacifisme patriotique[8] » conditionnait donc tout futur désarmement à de substantiels progrès dans l'organisation juridique du monde.

« Établir la justice entre les nations »

Les pacifistes fondaient, en effet, leurs espoirs de paix durable sur l'idée que le droit devait gouverner la société internationale : « Nous sommes tous d'accord pour reconnaître que : organiser la paix, c'est établir la justice entre les nations », résumait le pacifiste français Émile Arnaud en 1903[9]. Il s'agissait de faire en sorte que le droit qui s'était imposé pour régler les rapports des individus entre eux triomphât également dans les relations des nations entre elles, les rapports internationaux devant donc subir le même processus de civilisation qui était advenu dans l'ordre interne. D'où l'influence croissante des juristes dans l'engagement en faveur de la paix – Henri La Fontaine en était un parfait exemple – et l'attribution du prix Nobel de la paix à l'Institut de droit international (1904) ou au juriste français Louis Renault (1907).

Pour résoudre pacifiquement les différends internationaux, les militants de la paix s'en remettaient avant tout à la procédure de l'arbitrage international qui avait connu un usage croissant tout au long du XIXe siècle, notamment depuis le règlement pacifique de l'affaire de l'Alabama en 1872[10]. Afin de préciser la procédure de l'arbitrage, le VIe Congrès universel de la paix réuni à Anvers en 1894 – et au sein duquel Henri La Fontaine joua un rôle de premier plan – approuva un code de l'arbitrage international en 71 points, inspiré principalement du Code civil français et des travaux de l'Institut de droit international. La Fontaine, lui-même spécialiste de droit international, publia en 1902 un épais volume qu'il intitula *Pasicrisie internationale : Histoire documentaire des arbitrages internationaux, 1794-1900*, qui compilait plusieurs centaines de documents sur l'arbitrage international.

L'intérêt porté par les milieux pacifistes à la procédure arbitrale sembla conforté par les résultats de la première Conférence de la paix de La Haye, conférence diplomatique internationale convoquée en 1899 à l'initiative du tsar de Russie Nicolas II, qui adopta une Convention pour le règlement pacifique des conflits internationaux codifiant l'arbitrage facultatif et créant une Cour permanente d'arbitrage. Néanmoins, les espoirs soulevés par cette première conférence intergouvernementale se muèrent rapidement en déception à la lumière des graves événements internationaux survenus au début du XXe siècle (guerre des Boers en Afrique du Sud de 1899 à 1902 ; expédition internationale de 1900-1901 contre la révolte des Boxers en Chine ; guerre russo-japonaise en 1904-1905) au cours desquels les grandes puissances n'avaient nullement eu recours à l'arbitrage… Les pacifistes n'avaient pourtant pas ménagé leurs efforts pour convaincre les États de recourir aux instruments qu'ils avaient eux-mêmes forgés à La Haye, tout en travaillant également à remédier à leurs insuffisances.

Dans la perspective de la seconde Conférence de La Haye de 1907, le XVe Congrès universel de la paix de Milan (1906) adopta ainsi un certain nombre de résolutions qui proposaient une vision plus exigeante de l'organisation juridique du monde : la future Conférence de La Haye devrait conclure un traité créant une union de tous les peuples civilisés dans le but de garantir leur indépendance réciproque, adopter un code de droit international public et constituer une « autorité internationale exclusivement limitée aux rapports externes des États, et comprenant les pouvoirs législatif, exécutif et judiciaire, [qui] serait constituée au moyen de délégués nommés par les nations composant l'Union [11] ». Sur la question des « sanctions » destinées à faire respecter les sentences arbitrales, sujet sensible qui divisait alors la communauté pacifiste [12], le Congrès se prononça en leur faveur, mais celles-ci ne reposeraient que sur des moyens uniquement pacifiques (c'est-à-dire de nature essentiellement économique). Seule une minorité de pacifistes se montraient à cette époque favorables à la création d'une force de police internationale, aspect qui allait être officiellement soulevé par le juriste néerlandais Cornelis van Vollenhoven (1874-1933) lors du XXe Congrès universel de la paix de 1913, mais sans grand succès.

[7] Prix Nobel de la paix en 1933, Sir Norman Angell fut un journaliste et homme politique britannique (député travailliste de 1929 à 1931) dont les convictions internationalistes reposaient notamment sur la foi dans les capacités du libre-échange à promouvoir la paix.

[8] Selon l'expression de Sandi E. COOPER, *Patriotic Pacifism. Waging War on War in Europe, 1815-1914*, New York, Oxford University Press, 1991.

[9] Bureau international de la paix, *Bulletin officiel du XIIe congrès universel de la paix tenu à Rouen et au Havre*, Berne, 1903, p. 131.

[10] Il s'agit d'un différend qui opposait les États-Unis à la Grande-Bretagne et qui portait sur les dommages causés à la flotte fédérale américaine par l'Alabama, navire sudiste armé dans des ports anglais. Le tribunal organisé par le traité de Washington du 8 mai 1871 se réunit à Genève en 1872 et condamna l'Angleterre à payer une forte indemnité pour les dommages causés à la flotte américaine.

[11] *Bulletin officiel du XVe Congrès universel de la paix tenu à Milan du 15 au 22 septembre 1906*, Berne, Bureau international de la paix, 1906, p. 112.

[12] Les Français, Belges et Italiens y étaient favorables au contraire de leurs collègues britanniques, allemands ou autrichiens.

Réunion du Conseil et des Commissions de l'Union internationale des associations pour la Société des Nations, Bruxelles, 1928

Les conséquences de la Grande Guerre

Tous les efforts déployés par les pacifistes se révélèrent toutefois insuffisants pour résister à la montée des tensions. La multiplication notamment des contacts entre militants de la paix des deux rives du Rhin en 1912-1913 ne fut pas de nature à éviter la guerre. À la veille de la catastrophe encore, répondant à l'appel du président La Fontaine, une cinquantaine de pacifistes européens (mais aucun Austro-Hongrois) se retrouvèrent à Bruxelles le 30 juillet 1914 pour envoyer, dans un effort désespéré, toute une série de télégrammes aux chefs d'État européens et rédiger un manifeste en faveur de la paix.

Mais une fois les hostilités déclenchées, la grande majorité des organisations pacifistes approuvèrent la participation de leur pays à la guerre. La violation de la neutralité belge et l'invasion du Nord de la France légitimaient en effet aux yeux des pacifistes français l'idée d'une guerre pour le « droit », d'une guerre qui devait être menée « jusqu'au bout[13] » afin de détruire à jamais le militarisme prussien. L'incompréhension qui régnait désormais entre pacifistes de l'Entente et pacifistes des Puissances centrales entraîna la

---

[13] Selon le titre d'un article publié en janvier 1916 par le philosophe et pacifiste français Théodore Ruyssen (1868-1967) dans sa revue *La Paix par le droit*.

rupture d'unité du mouvement pour la paix : au cours d'une réunion du BIP, tenue en janvier 1915, les délégués allemands, autrichiens et hongrois refusèrent ainsi de voter une motion condamnant la violation de la neutralité belge par l'armée allemande en 1914.

Ces discordes du temps de guerre allaient rendre d'autant plus problématique la réconciliation des pacifistes une fois la paix revenue : les ressortissants des pays vainqueurs continuèrent d'entretenir un fort ressentiment à l'égard de leurs homologues des Empires centraux, leur reprochant de ne pas avoir accompli leur devoir jusqu'au bout. Le premier Congrès universel de la paix de l'après-guerre, réuni à Luxembourg en 1921, se fit ainsi l'écho de ces tensions qui divisaient désormais la communauté pacifiste, entre militants issus de pays satisfaits du règlement de la paix (Français et Belges particulièrement) et pacifistes progressistes – voire radicaux – qui en espéraient la prompte révision (Allemands, Anglais ou Scandinaves).

La guerre eut également pour conséquence de susciter une nouvelle forme d'engagement pour la paix, plus spécifiquement dédié au combat pour la « société des nations ». En plein conflit mondial s'étaient développées, en effet, dans certains pays alliés ou neutres, les premières organisations destinées à populariser l'idée de paix par la « société des nations », et ce mouvement s'amplifia au lendemain de l'armistice. La naissance officielle de la Société des Nations en 1919 allait donc constituer un redoutable défi pour les sociétés de la paix d'avant-guerre : d'une part, la jeune organisation internationale basée à Genève réalisait en grande partie leur programme, leur imposant donc de repenser leur doctrine ; d'autre part, les associations pour la Société des Nations connaissaient un remarquable succès et concurrençaient sévèrement les anciennes sociétés de la paix alors en perte d'effectifs. En Grande-Bretagne, la grande association de soutien à la Société des Nations, la *League of Nations Union*, dirigée par le conservateur Lord Robert Cecil (1864-1958) et l'helléniste Gilbert Murray (1866-1957), allait ainsi devenir dans l'entre-deux-guerres le groupement pacifiste britannique le plus considérable, comptant près de 400 000 membres au début des années 1930. En France, le mouvement pour la Société des Nations fut loin de connaître un tel militantisme de masse, mais il attira à lui nombre d'hommes politiques, d'intellectuels et de militants dévoués (tels Léon Bourgeois[14], Émile Borel[15], Jean Hennessy[16],

---

[14] Homme politique français, Léon Bourgeois (1851-1925) fut l'un des fondateurs du parti radical socialiste, représentant de la France aux Conférences internationales de la paix de La Haye. Premier président du Conseil de la Société des Nations en 1920, il se vit attribuer la même année le prix Nobel de la paix.

[15] Émile Borel (1871-1956) : mathématicien et homme politique français, il fut une figure de proue du militantisme pour la Société des Nations et l'unité de l'Europe dans l'entre-deux-guerres.

[16] Jean Hennessy (1874-1944) eut une carrière politique longue et complexe. Engagé à gauche et marqué par l'« esprit de Genève » dans les années 1920, il dériva dans la décennie suivante vers un certain antiparlementarisme. Il se montra toujours très attaché à l'idée de réforme de l'État dans un cadre fédéraliste.

SOCIÉTÉ DES NATIONS

SON BUT

La S. D. N. tend à faire de la Coopération Internationale " la manière normale de conduire les affaires du monde ".

Elle établit la sécurité et maintient la Paix.

La S. D. N. sera ce que les peuples la feront

Adhérez à l'Union Belge pour la S. D. N.
Palais d'Egmont, BRUXELLES

Henry de Jouvenel[17], René Cassin[18], Jules Prudhommeaux[19], etc.). En Belgique, une Union belge pour la Société des Nations fut créée en 1922 à l'initiative de Paul Hymans[20] et d'Henri Rolin[21] qui avaient participé tous les deux à la Conférence de la paix de Paris en 1919. Henri La Fontaine, qui avait également appartenu à la délégation belge en tant que délégué technique, occupa pour sa part les fonctions de trésorier de l'Union internationale des associations pour la Société des Nations, organisme installé à Bruxelles au début des années 1920 afin de coordonner l'action du mouvement international de soutien à la SDN. Mais même si les pacifistes furent relativement nombreux à enfourcher le combat pour la SDN, le BIP et les anciennes sociétés de la paix refusèrent de fusionner avec le nouveau pacifisme « esdénien », considérant qu'ils ne devaient pas cantonner leur action à la seule Société des Nations, une institution qu'ils soutenaient certes, mais en appelant à la profonde révision de son Pacte tel qu'il avait été adopté par la Conférence de la paix de 1919.

La montée en puissance d'un pacifisme plus radical

Toutefois, ce pacifisme de nature essentiellement juridique, que l'historien Norman Ingram qualifie d'« ancien style[22] », tout comme son proche cousin le pacifisme « esdénien », ne semblaient pas suffisants, dans l'Europe des années 1920, à incarner à eux seuls l'aspiration à la paix de sociétés traumatisées par le cataclysme de la Grande Guerre. D'où l'émergence d'un pacifisme plus radical puisant sa source dans les horreurs du conflit et se caractérisant par un refus absolu de toute guerre. Ses partisans trouvèrent notamment à se regrouper au sein du *Fellowship of Reconciliation* fondé à Cambridge en décembre 1914 par un groupe de pacifistes chrétiens qui rejetaient alors l'attitude belliqueuse de la plupart des Églises protestantes, ou du *War Resisters' International* (Internationale des résistants à la guerre) constitué à Bilthoven (Pays-Bas) en 1921.

Ce pacifisme « nouveau style » allait occuper une place grandissante au sein du mouvement pour la paix à partir de la fin des années 1920. Son essor se manifesta par exemple par la fondation en 1931, par un antimilitariste anarchisant, le Français Victor Méric (1876-1933),

Affiche de l'Union belge pour la Société des Nations, Bruxelles, sans date

---

[17] Journaliste et homme politique français de centre-gauche, Henry de Jouvenel (1876-1935) fut durant l'entre-deux-guerres l'un des principaux chefs de file des milieux français attachés à la coopération internationale par la SDN.

[18] Professeur de droit international, René Cassin (1887-1976) fut l'une des grandes figures du mouvement ancien combattant durant l'entre-deux-guerres, avant de devenir le principal inspirateur de la Déclaration universelle des droits de l'homme de 1948.

[19] Jules Prudhommeaux (1869-1948) consacra toute son existence à la cause pacifiste et fut notamment pendant un demi-siècle le secrétaire dévoué de l'Association de la paix par le droit.

[20] Homme politique libéral, Paul Hymans (1865-1941) fut notamment délégué de la Belgique à la Société des Nations (il fut même le premier président de l'Assemblée générale de la SDN en 1920).

[21] Juriste de grande réputation et homme politique socialiste, Henri Rolin (1891-1973) se montra un ardent défenseur de la Société des Nations.

[22] Norman INGRAM, *The Politics of Dissent: Pacifism in France, 1919-1939*, Oxford, Clarendon Press, 1991.

de la Ligue internationale des combattants de la paix, autour de l'idée que les maux engendrés par la guerre sont toujours plus grands que ceux qu'elle prétendait écarter. Ses membres (20 000 en 1933) entendaient donc lutter par tous les moyens contre la guerre, dont ils proposaient une analyse terrifiante, sur fond de défiance à l'égard des hommes politiques et des gouvernements. Un mouvement bien plus considérable en faveur d'un pacifisme absolu fut également constitué en Grande-Bretagne, à l'initiative du chanoine « Dick » Sheppard (1880-1937), personnalité charismatique, ancien aumônier de l'armée britannique pendant la Grande Guerre, qui fonda en 1936 la *Peace Pledge Union*. Cette organisation, qui attira quelque 136 000 adhérents au plus fort de son existence et quelque 800 groupes locaux, reposait sur le serment prêté par ses membres de renoncer à toute guerre. Mais les solutions du pacifisme intégral ne semblaient pas les plus adaptées face à l'agressivité des puissances fascistes et les organisations qui le prônaient finirent par perdre du terrain à la fin des années 1930.

Face à la dispersion des initiatives et à l'existence d'attitudes difficilement conciliables, le mouvement pour la paix se trouvait incontestablement affaibli. Et les efforts entrepris par le BIP dès les années 1920 pour coordonner les forces pacifistes se révélèrent être un échec, La Fontaine se plaignant en 1931 de « pacifistes aussi infectés du pire esprit diplomatique que les délégués de la SDN » : « Tout ce monde me devient profondément antipathique, pour ne pas employer un qualificatif plus dur[23]. »

Dans le contexte de l'agression italienne contre l'Éthiopie en 1935-1936, une vaste entreprise de coalition autour de la SDN des groupements opposés à la guerre fut néanmoins lancée sous la forme d'un Rassemblement universel pour la paix (RUP). Si ses origines communistes furent volontairement dissimulées à l'époque, ce mouvement manifesta son existence, de manière éclatante, par la tenue d'un grand congrès à Bruxelles du 3 au 6 septembre 1936, qui réunit plus de 5 000 participants, mais usurpa l'appellation de « premier Congrès universel de la paix », au grand dam du Bureau international de la paix et de son président Henri La Fontaine. Le RUP était conjointement présidé par Lord Robert Cecil, dont la personnalité rassurait dans une certaine mesure les conservateurs britanniques, et par le radical français Pierre Cot (1895-1977) qui bénéficiait, lui, de la confiance des communistes et de l'URSS. Le mouvement s'étendit à 43 pays et revendiqua 400 millions de membres par le biais des adhésions individuelles et collectives effectuées par des groupements pacifistes, religieux, syndicaux, politiques, etc. Ses objectifs modérés (inviolabilité des obligations résultant des traités, réduction et limitation des armements, renforcement de la Société des Nations et de la sécurité collective) ne parvinrent toutefois pas à emporter l'adhésion des pacifistes les plus radicaux et son succès fut de courte durée.

Projet d'illustration pour la couverture de la revue du Bureau international de la paix, *Le mouvement pacifiste*, par Gisbert Combaz (1869-1941), 1912

[23] Lettre d'Henri La Fontaine à Henri Golay, 31 octobre 1931, citée dans Vincent RAUZIER, *Logiques nationales, internationales et identitaires : une histoire du pacifisme du Bureau international de la paix dans l'entre-deux-guerres*, mémoire de Master 2, Université de Grenoble, 2009.

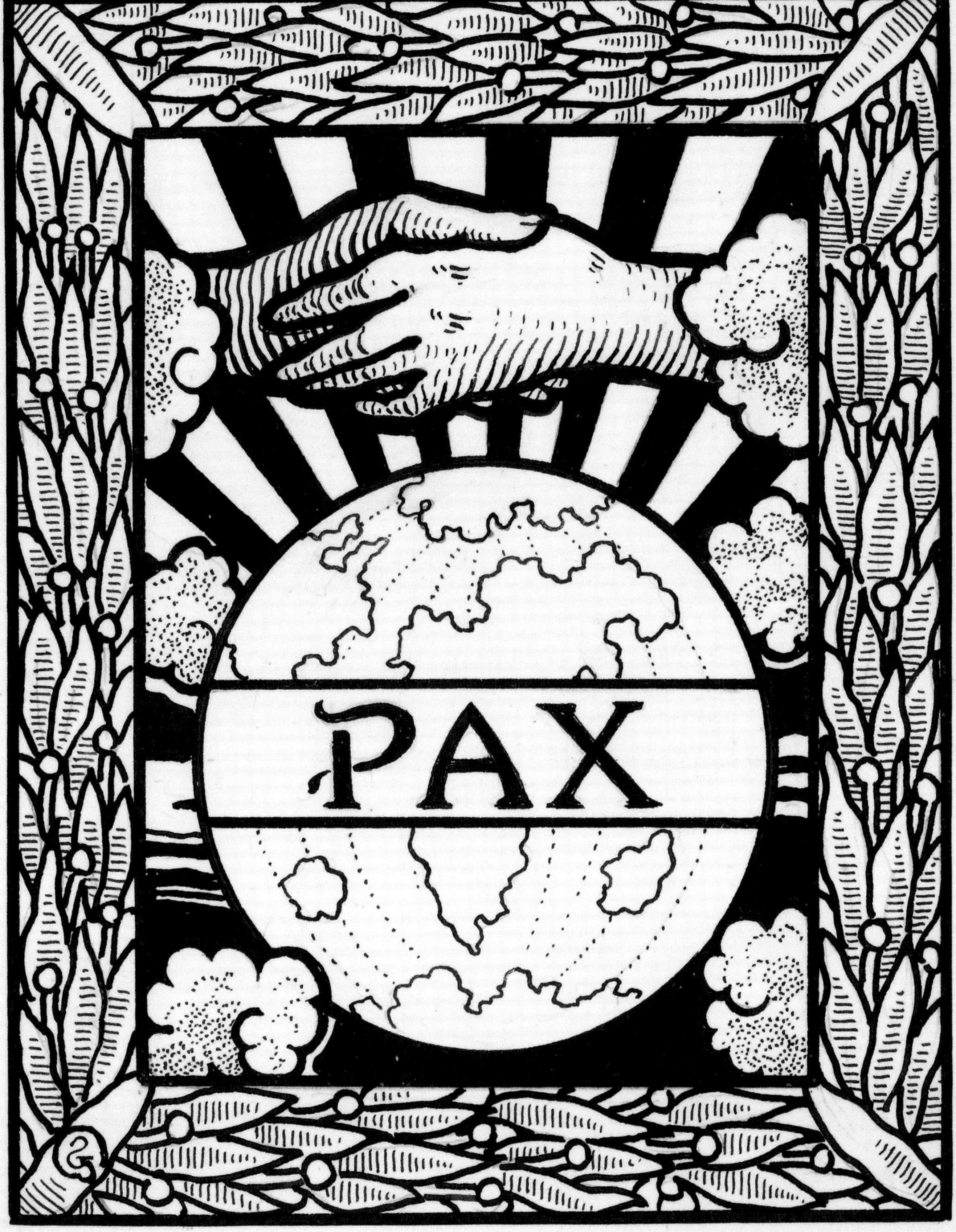
PAX

Le déclenchement de la Seconde Guerre mondiale fut évidemment une nouvelle épreuve pour les pacifistes, qui allaient bientôt être rendus en grande partie responsables de la politique d'apaisement de l'avant-guerre et de la défaite face à l'Allemagne hitlérienne, alors qu'ils avaient majoritairement prôné une attitude de résistance face au fascisme, une politique que les gouvernements démocratiques avaient trop longtemps refusé de pratiquer. Les militants de la paix pouvaient néanmoins espérer, à l'instar du Français Théodore Ruyssen, président de l'Association de la paix par le droit et infatigable secrétaire général de l'Union des associations pour la SDN, que « [...] tout ne sera[it] pas perdu des idées que nous av[i]ons mûries et répandues. Au délire de la destruction succédera[it] tôt ou tard l'heure de la raison constructive[24] ». La création de l'Organisation des Nations unies en 1945 allait, en effet, signifier que l'idéal de la paix par le droit, porté depuis des décennies par le mouvement pacifiste, avait survécu à la guerre.

Séance d'ouverture (dans la salle du Reichstag) du XXIIIe Congrès universel de la paix de Berlin, 1924 (photographie Continental Photo, Berlin)

[24] Archives du Bureau international du travail (Genève), RL 01/4/29, Théodore Ruyssen, « Ultima verba », Combloux (Haute-Savoie), 30 septembre 1939.

Extrait du discours d'Henri La Fontaine prononcé le 1er septembre 1934 à la séance d'ouverture du XXXe Congrès universel de la paix à Locarno*

« L'heure des discours protocolaires est passée. La situation exige de la clarté et de la rudesse. À quoi bon, sous des formes aimables, continuer à rédiger des résolutions et des avis que la presse, à de rarissimes exceptions près, néglige d'enregistrer.

Ce n'est pas une raison pour nous taire. On ne sait jamais jusqu'où la parole se propage et se faufile. Et si on envisage le passé du mouvement, dont nous sommes les apôtres tenaces et déterminés, on doit constater que le mot de paix est aujourd'hui sur les lèvres de tous les politiciens, même de ceux qui ont l'audace et l'impudeur de crier aux échos que la guerre, au cours des siècles, accompagnera toujours le sort des nations. Cette cynique hypocrisie ne vous écœure-t-elle pas ?

Nous avons le droit, mieux que cela, nous avons le devoir de les sommer de nous dire quand ils mentent, lorsqu'ils parlent de paix ou lorsqu'ils parlent de guerre, mais nous savons qu'ils ne répondront pas, et nous savons, sans qu'ils aient besoin de l'avouer, par les actes qu'ils posent, qu'ils sont les protagonistes effrénés de la violence. S'ils n'osent y recourir, c'est qu'ils n'ont pas une certitude suffisante qu'elle leur sera favorable. Mais ils clament bien haut qu'il faut au maximum préparer leurs concitoyens à en user !

L'attitude qui s'impose à nous, c'est de les dénoncer, de les vouer à l'exécration des masses et de montrer l'odieuse et l'ignoble aventure que sera la guerre si jamais elle survient à nouveau. Le prestige dont elle a été revêtue dans le passé survit, hélas, dans la mentalité des foules ignorantes. Le soldat pour beaucoup d'hommes est demeuré un héros, alors que l'outillage dont il dispose en a fait le plus monstrueux des assassins. [...]

Je me révolte contre ceux qui ne se révoltent pas, qui ne hurlent pas leur indignation et leur dégoût à la face des diplomates, des politiciens, des munitionnaires, des experts militaires, des colonels et généraux, des folliculaires impassibles qui palabrent et écrivent depuis dix ans, déclarent que la guerre prochaine sera sans pitié et la préparent avec une ardeur de plus en plus fébrile et presque enthousiaste. [...]

Si, parmi les cohues humaines, ce n'est ni le cœur, ni le cerveau qui se sentent en veine de révolte, que du moins la misère qui les tenaille, la crise qui les étreint éveillent en elles la colère libératrice, la colère salvatrice. Le porte-monnaie qui crie famine a plus d'éloquence que le sentiment ou la pensée. Car rendez-vous bien compte que la stupidité de ceux qui délibèrent au nom des nations sans aboutir conduit l'humanité sans qu'ils s'en doutent – et c'est peut-être leur excuse – à la guerre ou à la banqueroute universelles. Le beau choix : la mort par le meurtre ou la mort par la faim pour des millions et des millions de nos semblables. [...] »

* Mundaneum, Papiers personnels d'Henri La Fontaine, boîte 31, dossier 1

« Il faut être citoyen du monde tout d'abord, puis citoyen de l'Europe et citoyen d'une nationalité ensuite. On ne doit considérer son pays qu'en fonction de la grande patrie mondiale. C'est celle-ci qu'il faut constituer et un peuple ne sera respectable que dans la mesure où toute sa vie sera l'expression de son dévouement et de sa subordination à la collectivité humaine. En dehors d'une telle conception il ne peut y avoir de salut. Toute conception étroitement nationaliste est fatalement égoïste et est génératrice d'hostilités. »

Lettre d'Henri La Fontaine à Hellmuth Drechsler, 03.01.1924 (Mundaneum, Papiers personnels d'Henri La Fontaine, boîte 56, dossier 4)

Henri La Fontaine : un internationaliste précurseur d'un nouvel ordre mondial

Verdiana Grossi (Université de Genève)

« Tout devient international, supranational, mondial. Des relations se nouent au travers du globe, non plus selon la nationalité ou la race des individus, mais selon leurs aspirations et selon leurs besoins… » (*Discours lors de la séance d'ouverture du XIXe Congrès universel de la paix à Genève*, 1912, Berne, Bureau international de la paix, s. d., p. 7)

Henri La Fontaine est l'une des personnalités les plus combatives et originales du mouvement pacifiste de la fin du XIXe et de la première moitié du XXe siècle. Sa longévité fait de lui l'activiste qui aura fréquenté d'innombrables manifestations internationales, prôné le rapprochement des peuples, la solidarité, et voué à la cause de la paix plus de soixante

Henri La Fontaine et Ludwig Quidde (1858-1941 – historien, écrivain, homme politique libéral allemand, pacifiste, prix Nobel de la paix en 1927), lors de la séance d'ouverture (dans la salle du Reichstag) du XXIIIe Congrès universel de la paix de Berlin, 1924 (photographie Continental Photo, Berlin)

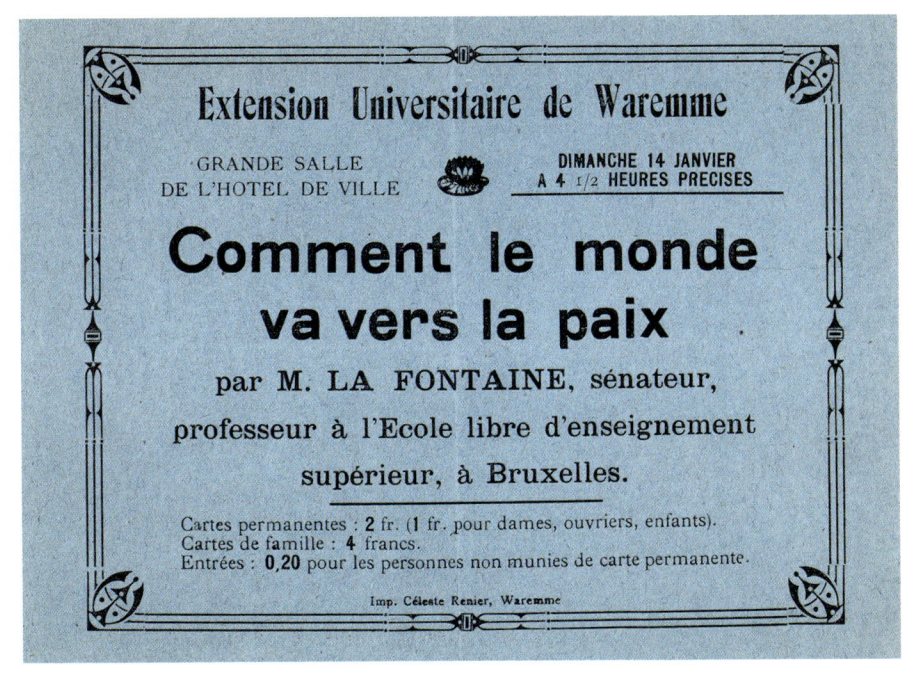

Annonce d'une conférence sur la paix donnée par Henri La Fontaine à l'Extension universitaire de Waremme, sans date

ans de sa vie. La Fontaine adhère au mouvement à l'âge de vingt-huit ans, en 1882, après avoir assisté à une conférence de l'Anglais Hodgson Pratt (1824-1907), président de l'*International Arbitration and Peace Association* (Association internationale de la paix et de l'arbitrage), venu sur le continent européen pour implanter une branche de son association. Il est aussi probable que La Fontaine ait été réceptif, outre à la question de l'arbitrage qu'il étudiera en détail, au réformisme social de Pratt, à son cosmopolitisme ainsi qu'à son soutien à la cause des travailleurs.

La branche belge de l'*International Arbitration and Peace Association* voit finalement le jour en avril 1889, l'année du Ier Congrès universel de la paix, qui se réunit à Paris. Dès lors, La Fontaine va participer à la plupart des congrès universels de la paix et des conférences interparlementaires, au cours desquels il ne cesse de faire entendre sa voix. Il est ainsi présent aux grands rendez-vous de l'histoire avec un œil critique et un sens de l'imminence des guerres hors du commun. Ses prises de position et d'action sont parfois intempestives. La Fontaine ne se tait pas. Il parle, parle beaucoup, entretient une abondante correspondance, rédige des rapports, étudie des systèmes, observe des réalités sociales et économiques, et surtout constate que les guerres peuvent être prévenues grâce à des instruments juridiques suffisamment efficaces pour empêcher l'espèce humaine de s'entretuer.

Nous nous attellerons ici à mettre en relief quelques aspects originaux de son engagement en faveur des institutions internationales qui prônent la paix et de la citoyenneté mondiale.

Une reconnaissance tardive

En 1913, La Fontaine participe à l'inauguration officieuse du Palais de la paix de La Haye lors des travaux du XXe Congrès universel de la paix. C'est un moment de vive émotion puisque cette maison représente la concrétisation de ses idées. Il préside la Commission de droit international qui est sur le point d'élaborer un projet de Code de droit international et travaille avec ardeur aux préparatifs de la IIIe Conférence de La Haye, au cours de laquelle il envisage de présenter une « Charte mondiale[1] », préoccupation qu'il partage avec son ami Paul Otlet. L'année se termine par la proclamation du prix Nobel de la paix qui reconnaît son engagement en matière de droit international et de paix. Hélas, quelques mois plus tard, l'éclatement de la Première Guerre mondiale vient

[1] *Bulletin officiel du XXe Congrès universel de la paix tenu à La Haye, 1913*, Berne, Bureau international de la paix, s. d., p. 30. et p. 241 et suiv.

This Sunday Night, May 7th

INTERNATIONAL COURT NIGHT

LABOR FORUM

WASHINGTON IRVING HIGH SCHOOL, 17th Street and Irving Place

"A Work of Service, Not Profit"

SPEAKER:

Senator H. La Fontaine

Representative of the Workingmen's Party in the Belgian Senate

Connected with the "House of the People" and Co-operative Societies of Belgium

Winner Nobel Peace Prize

Senator Henri La Fontaine

Other Speakers

Mass Singing under Direction of
LAURA M. ELLIOTT

DOORS OPEN 7 p. m. COME EARLY AND SING
ADMISSION 10 and 15 cts.

Form 120

Annonce d'une conférence d'Henri La Fontaine donnée à Washington le 7 mai 1916 sur la Cour de justice internationale

ternir les retombées positives qu'un tel prix aurait pu avoir sur l'œuvre de La Fontaine qui parvient toutefois, grâce à cette distinction, à donner une série de conférences lors de son exil américain. La période de l'entre-deux-guerres se révèle particulièrement difficile et ses efforts sont contrastés par un contexte international qui s'assombrit de plus en plus[2].

En 1943, Hans Wehberg[3], rédacteur de la revue pacifiste *Friedens-Warte*, souligne dans la nécrologie qu'il consacre à La Fontaine que l'application des normes juridiques en vigueur l'intéressait moins que la recherche et l'élaboration de principes de la juridiction future du monde. Il relève aussi qu'il est urgent qu'une biographie paraisse, qui reflète le labeur accompli par cet éminent citoyen du monde. Il cite l'hommage qui lui est rendu à l'occasion de son 80e anniversaire, dans lequel il est fait mention que tout chercheur qui veut travailler sur l'internationalisme devra désormais se pencher sur la personnalité incontournable de La Fontaine[4]. Wehberg, quant à lui, évoque le souvenir indélébile laissé par son discours inaugural au XIXe Congrès de la paix de Genève en 1912[5]. En avance sur son temps, La Fontaine prône la proclamation de droits de l'homme valables pour tous les citoyens du monde : « La liberté de circuler, de s'associer, de penser, de posséder doit appartenir à tout homme sur toute la surface du globe. Elle doit prendre fin, cette légende absurde des nations liées à leur territoire et hostiles aux étrangers : elle est d'un âge révolu, cette idée que l'Allemagne doit être aux Allemands, la France aux Français, la Chine aux Chinois. Cette cause, l'une des plus graves, la plus grave peut-être, des conflits entre peuples, repose sur une équivoque et sur une erreur. À ces formules de haine et d'envie, je vous convie à opposer cette formule de délivrance et de concorde : la terre aux terriens[6]. »

En 1977, Nadine Lubelski-Bernard consacre plusieurs pages de sa magistrale thèse de doctorat[7] à La Fontaine et à son action au sein des organisations internationales. En 1980, Georges Patrick Speeckaert, spécialiste des organisations internationales, relève que la Belgique n'a pas encore rendu à La Fontaine « l'hommage solennel qui s'imposait[8] ».

Couverture du numéro du 5 décembre 1920 du périodique *T'en fais pas* (publié à Bruxelles). À ce moment, Henri La Fontaine est délégué belge à l'Assemblée de la Société des Nations

---

Cf. Verdiana GROSSI, « Une paix difficile : le mouvement pacifiste international pendant l'entre-deux-guerres », in : *Relations internationales*, n° 53, printemps 1988, p. 23-35.

Hans Wehberg (1885-1962), pacifiste allemand, professeur de droit international. Il fut secrétaire de l'Institut de droit international.

Bulletin interparlementaire, juin 1934, p. 134 et suiv.

Die Friedens-Warte, n° 3, 1943, p. 176-178.

Discours d'ouverture, in : *XIXe Congrès universel de la paix à Genève, 1912*, Berne, Bureau international de la paix, s. d., p. 11.

Nadine LUBELSKI-BERNARD, *Les Mouvements et les idéologies pacifistes en Belgique, 1830-1914*, 3 vol., Thèse de doctorat, Faculté des sciences sociales, politiques et économiques, Université libre de Bruxelles, 1977.

Georges Patrick SPEECKAERT, *Le Premier siècle de la coopération internationale, 1815-1914. L'apport de la Belgique*, Bruxelles, Union des associations internationales, 1980, p. 16.

1re année — No 27　　　50 CENTIMES　　　4 Décembre 1920

T'en fais pas !

16 pages　　　16 pages

Journal Hebdomadaire, Humoristique, Théâtral, Sportif et Financier

LAFONTAINE, Commis-voyageur en paix

Finalement, en 2002, le Mundaneum de Mons comble cette lacune historiographique en retraçant les diverses facettes de la personnalité de La Fontaine dans un ouvrage collectif[9]. Ces 118 pages rendent hommage non seulement au fondateur du Mundaneum, mais aussi à l'internationaliste qui a conçu avec son collègue Paul Otlet un système de classement bibliographique universel, qui est encore de nos jours une référence. Finalement, c'est la Fondation Henri La Fontaine créée en 2011 qui rend justice à l'œuvre de cet homme, aux valeurs qu'il a défendues et dont la pensée n'a pas fini d'inspirer chercheurs, activistes, politiciens, pacifistes, féministes, francs-maçons, etc.[10]

La longévité de La Fontaine, homme aux multiples combats, permet de suivre les principaux événements mondiaux. Trois courants d'idées peuvent servir de fil conducteur à sa vie : le pacifisme, le socialisme et l'internationalisme. Quant aux autres causes qu'il défend, elles tournent autour de la philanthropie, du féminisme, de la franc-maçonnerie, des droits de l'homme et de l'espéranto. Les voyages constituent aussi une de ses passions. Sa vie d'activiste l'amène à se déplacer souvent et à entretenir des relations régulières avec la Suisse. D'abord Berne, ville fédérale qui abrite, avant 1914, de nombreux offices et bureaux internationaux parmi lesquels l'Union interparlementaire et le Bureau international de la paix, organismes dont il sera l'une des figures de proue. Ensuite Genève, siège de la Société des Nations (SDN) dès sa création en 1919 et du Bureau international de la paix à partir de 1924. La Fontaine appartient à la vague internationaliste des hommes et femmes qui ont prôné l'émergence d'un nouvel ordre mondial fondé sur la juridiction internationale, le désarmement, le recours à l'arbitrage et aux institutions mises en place à cet effet : le tribunal de La Haye et la Société des Nations[11].

Grâce à lui et à d'autres pacifistes, aucune guerre n'est passée sous silence : la guerre des Boers, la guerre russo-japonaise, la guerre italo-turque, les guerres balkaniques, les deux guerres mondiales. Il dénonce également tous les courants d'idées mettant la paix en danger : les impérialismes, les nationalismes, la discrimination sous toutes ses formes, les inégalités, etc.

Imaginer et faire vivre les premières institutions de la paix

Sa participation, dès le début des années 1890, à la création des deux institutions devant régir et structurer la vie du mouvement pacifiste international, le Bureau international de la paix et l'Union interparlementaire, met en relief son adhésion tant au mouvement « populaire » de la paix, constitué par les sociétés nationales, qu'au courant parlementaire davantage centré sur les aspects politiques et juridiques de la paix, en particulier le recours à l'arbitrage. Ces deux composantes s'organisent à la suite du Ier Congrès universel de la paix et de la première Conférence interparlementaire de Paris de 1889. Bien que les précurseurs du mouvement aient envisagé de créer une structure réunissant les deux mouvements, l'idée est vite abandonnée au profit de la création de deux institutions distinctes. La Fontaine est l'un des rares pacifistes à appartenir aux deux mouvements, avec le Suisse Albert Gobat (1843-1914), premier secrétaire de l'Union interparlementaire (1891-1907) et secrétaire général du Bureau international de la paix (1909-1914); avec le Français Frédéric Passy (1823-1912) et l'Anglais Randal Cremer (1822-1908), fondateurs de l'Union interparlementaire. Tous obtiendront le prix Nobel de la paix. Mais ces hommes disparaîtront avant 1914 et La Fontaine sera, en 1925, le « dernier survivant fondateur du Bureau international de la paix » à pouvoir garantir à l'institution une continuité, une vue d'ensemble sur les événements marquants de la fin du XIXe siècle à 1943 (date de son décès)[12].

XXIVe Congrès universel de la paix, Sorbonne, Paris, 1925 (photographie Henri Manuel)

- Hervé HASQUIN *et alii*, *Henri La Fontaine. Tracé(s) d'une vie. Un Prix Nobel de la paix, 1854-1943*, Mons, Mundaneum, 2002.
- *Cf.* le site de la Fondation Henri La Fontaine: http://www.henrilafontaine.org (consulté en septembre 2012).
- *Cf.* Verdiana GROSSI, « Building a New World on Old Concepts: The International Peace Bureau and the League of Nations in the Early 1920s », in: *The League of Nations 1920-1946*, New York and Geneva, United Nations, 1996, p. 4-10.
- Discours inaugural de La Fontaine, alors vice-président du Sénat de Belgique et président du Bureau international de la paix, in: *Le XXIVe Congrès universel de la paix, Paris, Palais de la Sorbonne 1er-6 septembre, Documents officiels*, Paris, Genève, Clerc, 1926, p. 122.

La Fontaine est non seulement l'homme des organisations internationales, mais aussi un homme de réseau. Il veut créer des liens entre hommes politiques et citoyens, entre savoir(s) et diffusion de ces savoirs, entre diplomatie secrète ou ouverte et la recherche de nouvelles formes d'action en dehors de la société civile et des cercles officiels en inaugurant, avant son temps, l'ère des ONG.

En 1890, la proposition de créer un Bureau central de la paix constitue un enjeu important pour l'avenir du mouvement, en particulier pour sa propagande. La Fontaine complète par des notes manuscrites le projet présenté par l'Association belge pour l'arbitrage international au IIe Congrès international de la paix de Rome en 1890. D'emblée, il approuve l'établissement du siège du Bureau à Berne. Il en étudie attentivement la structure et le fonctionnement. Le projet est vaste, mais il recèle la préoccupation du juriste qu'il est de poser les fondements d'un organisme à la fois de coordination et de renseignement, mais aussi d'un centre de recherche et de documentation en matière de guerres et de paix. Ce dernier aspect sera difficile à mettre en place, faute de personnel et de financement. Néanmoins, certaines idées de La Fontaine seront reprises. En voici les principales :

– constituer une bibliothèque fixe et une bibliothèque ambulante de toutes les publications relatives à l'arbitrage, à la paix et à la guerre, ainsi qu'au droit international public et privé ;
– coordonner et classer toutes les publications relatives à l'arbitrage, à la paix et à la guerre ainsi qu'au droit international public et privé ;
– publier un recueil de tous les traités passés entre deux ou plusieurs nations ;
– réaliser une statistique internationale des dépenses militaires et les comparer avec les autres dépenses publiques des divers pays ;
– assurer une révision impartiale des manuels d'histoire employés dans les divers pays ;
– former une collection de gravures, de photographies et d'autres objets à exhiber éventuellement dans les expositions, etc.[13]

Malheureusement, son souhait de coordonner l'action des politiques avec celle des activistes ne se réalisera pas. Cependant, par ses fonctions personnelles de sénateur, membre de l'Union interparlementaire dès 1895, et de président du Bureau international de la paix de 1907 à 1943, il accomplira un grand effort pour relier les milieux parlementaires à ceux des sociétés de la paix. C'est probablement dans le contexte des congrès universels de la paix qu'il préside que La Fontaine s'est senti le plus libre d'exprimer pleinement sa pensée et de poursuivre l'œuvre de sa vie : la recherche de solutions pacifiques.

L'homme des organisations internationales et des réseaux

En 1907, La Fontaine fonde à Bruxelles, avec son ami Paul Otlet, l'Office central des associations internationales qui publie l'*Annuaire de la vie internationale*. Encore de nos jours, c'est un instrument de travail incontournable pour toute personne qui veut étudier les racines historiques de la coopération intellectuelle internationale[14].

Tout au long de sa vie, on le voit soucieux de fournir des outils intellectuels permettant à la paix de trouver une issue internationale : classer, réunir, documenter, rechercher, systématiser, concevoir des systèmes à l'échelle planétaire constituent de nos jours, alors qu'Internet met à portée des savoirs instantanés, la concrétisation de ces réseaux en partie conçus par La Fontaine et Otlet. Comment aurait réagi La Fontaine en utilisant Internet ? Aurait-il, en tant que juriste, prévu l'utilisation belliqueuse des connaissances et échafaudé un projet juridique de gestion des savoirs ?

Les idées embryonnaires contenues dans le projet de Bureau international de la paix de 1890 démontrent déjà l'intérêt de La Fontaine pour la documentation et permettent de déceler l'idée de citadelle idéale autour de laquelle se constitueraient tous les savoirs, des sciences humaines aux sciences exactes, afin de mieux gérer les activités humaines de façon pacifique. Dans l'accomplissement de ce projet et de nombreux autres, il est aidé par son ami Paul Otlet avec lequel il crée, en 1910, « l'Office central de l'Union des associations internationales [dans le but] d'assumer la coordination en vue de réunir en un système général tous les systèmes particuliers d'unification et d'unités [15] ». Cette Union prévoit un congrès mondial où siègent toutes les associations afin de coordonner les relations inter-scientifiques. À Bruxelles est établi un centre international qui englobe un musée international (16 salles, 3 000 objets et tableaux), une bibliothèque collective (75 000 volumes) et un répertoire bibliographique universel (11 millions de notices classées par matières et par auteurs) [16]. L'objectif ultime de cette organisation est « d'unir le monde civilisé tout entier dans une action commune en vue de réaliser certains buts d'intérêt universel, dépassant les forces d'un seul pays, de donner à l'Humanité les organes dont elle a besoin pour agir avec la puissance accrue d'une collectivité plus nombreuse, de placer l'activité humaine dans les conditions optimales pour qu'elle se développe dans toute son ampleur. L'organisation internationale est liée au progrès de l'Humanité et de la civilisation. À côté des civilisations nationales doit exister une civilisation mondiale qui se superpose, basée sur ce qu'il y a de commun dans les civilisations nationales et réalisant l'esprit de polycivilisations [17] ».

Voilà un concept de civilisation qui fournit matière à réflexion et qui mérite d'être repris sous un autre angle que celui développé dans l'ouvrage *Le Choc des civilisations* qui a rendu célèbre son auteur, le Prof. Samuel P. Huntington. Sa thèse principale tend à

Nye Kongelige Bibliotek (KB), Copenhague, Fonds Frederik Bajer, *Congrès de la paix de Rome. Création d'un Bureau international. Projet de règlement. Propositions de la Section belge de la Fédération internationale de la paix et de l'arbitrage*, s. d. [circa été 1890].

L'Annuaire de la vie internationale, publié à Monaco depuis 1905, le sera ensuite à Bruxelles jusqu'en 1911.

Armand MATTELART, *L'Histoire de l'utopie planétaire de la cité prophétique à la société globale*, Paris, La Découverte, 1999, p. 111.

L'Union des associations internationales. Constitution du Centre international. Congrès mondial. Office central. Musée international. Documentation universelle, Bruxelles, Office des Associations internationales, 1912.

Ibid., p. 39.

SENATOR
HENRI LA FONTAINE

of Belgium, Winner of the Nobel Prize, Professor of International Law at the University of Brussels

Will give a Course of Lectures on

THE PHILOSOPHY OF
INTERNATIONAL
RELATIONS

AT

THE COLLEGE of the CITY OF NEW YORK
(140th Street and Convent Avenue)

BEGINNING

September 19, 1917, AND LASTING THROUGH January, 1918

THREE HOURS PER WEEK, FROM 3.45 to 4.45,
ON MONDAY, WEDNESDAY, FRIDAY.

(On request of a sufficient number of persons, later hours may be arranged)

This course will deal with the causes of war, the problem of controlling these causes, and various aspects of international organization. It will be open, free of charge, to interested mature persons.

THE COURSE IS KNOWN AS PHILOSOPHY 30

For further information or for enrolment, address

OFFICE OF THE DEAN College of the City of New York

démontrer que l'ordre multipolaire a remplacé l'ordre bipolaire de la guerre froide. À son avis, le XXIe siècle se caractérise par un affrontement probable des grandes civilisations où le facteur religieux jouera un grand rôle. Le terme de « choc » n'enrichit pas la réflexion telle que La Fontaine l'aurait poursuivie, soit la recherche d'un système intégrateur des diverses civilisations impliquant aussi les communautés religieuses. Il recherche l'unité et la solidarité de l'espèce humaine et envisage la juridiction mondiale comme un moyen de régler les problèmes économiques, sociaux ou moraux.

Alors qu'il est en exil aux États-Unis en 1916, La Fontaine rédige l'une de ses œuvres les plus originales et anticipatives : la *Magnissima Charta*, un véritable texte constitutif à intégrer dans un État mondial qui devrait être chargé de gérer la paix à l'échelle planétaire[18]. Son ami Paul Otlet poursuit un objectif semblable en publiant son texte le 1 146e jour de la guerre : *Constitution mondiale de la Société des Nations. Le nouveau droit des gens*[19]. Tant La Fontaine qu'Otlet démontrent ainsi qu'ils entendent poursuivre leur rêve planétaire entamé avant la Première Guerre mondiale d'unir l'humanité au-delà des frontières à travers l'accès au savoir.

Ce projet de constitution d'un gouvernement mondial est encore loin de se concrétiser. Pourtant, il représente la possibilité d'une mondialisation moins centrée sur le néolibéralisme économique, davantage axée sur la construction politique d'un monde plus juste dans lequel le savoir serait diffusé de façon plus équitable. La technologie et le progrès viennent au secours des idéologies pacifistes mais aussi des thèses belliqueuses. La croyance illimitée de La Fontaine et d'Otlet dans le progrès humain va s'affaiblir au fil des années et de l'approche d'événements internationaux de plus en plus sombres.

Dans les années 1920, La Fontaine tente de faire vivre son œuvre internationale sans parvenir en 1923 à obtenir le renouvellement du soutien financier de la Dotation Carnegie pour la poursuite de la publication de l'*Annuaire de la vie internationale*. À Paris, il explique sa position : « Au moment de la guerre, le troisième annuaire était en cours ; faute d'argent, il est resté en suspens. Nous n'avons plus de papier en Belgique et, la Dotation nous ayant supprimé le subside de l'année courante, notre imprimeur n'a pas pu continuer le travail. Ce volume coûterait actuellement 75 000 francs, tandis qu'il nous revenait à 20 000 francs avant la guerre. Je ne suis pas riche ; ma fortune est très modeste ; elle est tombée, du fait de la guerre et du coût de la vie, au tiers de sa valeur ; mais j'en ai sacrifié la moitié pour soutenir notre publication. Tout ce qui a été payé l'a été de ma poche. [...] Pourquoi détruire l'outil que

Annonce du cours de philosophie des relations internationales donné par Henri La Fontaine à New York en 1917-1918

---

[18] Henri LA FONTAINE, *The Great Solution. Magnissima Charta. Essay on Evolutionary and Constructive Pacifism*, Boston, 1916, 177 p. *Cf.* aussi à ce sujet l'article de Guenaël Vande Vijver, in : http://www.ihoes.be/PDF/Henri_La_Fontaine_Magnissima_Charta.pdf (consulté en septembre 2012).

[19] Paul OTLET, *Constitution mondiale de la Société des Nations. Le nouveau droit des gens*, Genève, Atar, 1917.

Charta Magnissima

Chapitre premier
Considérations générales

1. L'œuvre de reconstruction qu'il faudra entreprendre, après cette tragique aventure qu'est la plus grande guerre, n'est pas aussi simple qu'on pourrait le croire à première vue. C'est ce qui semble avoir échappé à un grand nombre d'hommes et de femmes de bonne volonté qui se sont réunis en ces derniers mois en divers pays (et qui se sont contentés, après des délibérations rapides et écourtées, d'adopter quelques résolutions plus ou moins éloquentes. Les tentatives sont pourtant intéressantes par leur multiplicité et parfois frappante par l'unanimité des revendications des propositions préconisées qu'en la problème qu'il importe de préciser qu'à l'analyse si vraiment l'on peut espérer, par ceux qui seront chargés de conclure la paix, une action novatrice et salutaire.

nous avions façonné pour lutter contre cet état de choses ? Je ne défends pas mon œuvre, en ce moment. Croyez bien que je suis désintéressé ; je n'en ai plus que pour quelques années à vivre, tant je me sens atteint dans ma propre vie par l'action de destruction que vous avez commise. Le chêne a l'air d'être solide encore, mais il est creux à l'intérieur. Mon œuvre meurt de la main de ceux qui nous avaient encouragés à la fonder[20]. »

Son appel pathétique met en relief les terribles souffrances encourues par la Belgique lors de l'occupation allemande mais aussi la souffrance morale engendrée par la guerre. C'est précisément de l'Allemagne que « vient le danger permanent », affirme-t-il. Et en Belgique, pays international par excellence, le nationalisme est en pleine recrudescence. Être internationaliste équivaut à une trahison. Ses propos révèlent aussi la lassitude et le découragement d'un homme qui, malgré l'émergence de la SDN, voit le monde retomber dans la haine.

Face aux années sombres : un projet de Cité mondiale

Son parcours de sénateur socialiste n'est pas étranger au choix de thématiques d'ordre économique et social. Ce fil conducteur, déjà évident dans les années qui précèdent la Première Guerre mondiale, s'accentue dans les années 1930 par la recherche de solutions pacifiques à la crise. Convaincu que la guerre économique et financière est désormais aussi dangereuse que la guerre militaire, il se penche sur les questions économiques et sociales. Il relève le dérèglement du système international et la nécessité d'établir un ordre public mondial. Il préconise l'établissement d'un pouvoir juridique mondial et l'imposition d'une judicature mondiale auxquels les collectivités nationales auraient l'obligation de s'adresser. Cet ordre doit être assuré par une force publique mondiale. Il est favorable à la transformation de la Banque de règlements internationaux en Banque centrale mondiale, dont les banques centrales nationales deviendraient des agences, ainsi qu'à l'ouverture au commerce de toutes les frontières et à l'indemnisation de ceux qui souffriront suite au rétablissement du marché mondial. La Fontaine adresse cet appel aux travailleurs intellectuels et manuels, aux anciens combattants, à la jeunesse victime d'une future guerre, aux prêtres, aux femmes qui forment plus de la moitié de l'humanité. C'est dans cette direction que le recrutement doit se faire. Où sont les « tâcherons hardis et déterminés de cette œuvre grandiose et urgente de régénération humaine et de transformation du globe en une cité de labeur fraternel[21] » se demande en 1934 La Fontaine qui devient de plus en plus véhément. Il en veut aux dictatures, aux manieurs d'argent, aux maîtres des

Page du manuscrit français du livre *The Great Solution. Magnissima Charta. Essay on Evolutionary and Constructive Pacifism* publié en 1916

Conseil consultatif du Centre européen. Compte rendu des séances tenues à Paris les 7 et 9 juillet 1923. Paris. Centre européen de la Dotation Carnegie, 1923, p. 112-114.

XXXe Congrès universel de la paix tenu à Locarno du 1er au 6 septembre 1934. Documents officiels. Genève. Bureau international de la paix, [1934], p. 117.

monopoles internationaux, de la métallurgie guerrière surtout : les Schneider, les Vickers, les Krupp, « inspirateurs machiavéliques de la grande presse, cette gigantesque usine de bourrage des crânes, où chaque jour des articles insidieux entretiennent la méfiance et la haine entre les peuples ».

L'année 1933, qui suit l'échec de la Conférence du désarmement réunie à Genève en 1932, est une année terrible. En effet, le Japon a envahi la Mandchourie l'année précédente ; l'Allemagne et l'Italie se retirent de la SDN. La Fontaine ne sait plus que faire pour sortir la conférence de son impasse et redresser une situation qui désormais semble irréversible. Il contacte son camarade Arthur Henderson[22], président de la Conférence du désarmement, l'incite à maintenir la conférence en vie grâce à sa foi dans le désarmement et à son intégrité et le conjure de reprendre en main les dérives engendrées par cet échec. Voici ce qu'il lui écrit : « Je pense qu'il est de mon devoir, non pas tant comme président du Bureau international de la paix, mais comme socialiste, d'ajouter quelques considérations à la lettre officielle que je vous ai adressée comme l'expression des pacifistes du monde. J'ai le sentiment que ce qui se passera à Genève pendant les prochaines semaines sera une question de vie ou de mort pour l'humanité. [...] Et ce qui pourrait se passer en Europe dans un futur proche, si l'Allemagne reste dans son état d'esprit actuel, constituerait une autre preuve terrible de son insuffisance. Cela me semble constituer un danger qui pourrait entraver la Conférence du désarmement et l'amener à une fin infructueuse. Comment éviter une telle catastrophe ? Mon intention est précisément de vous proposer ce que je considère comme étant la seule solution. Il n'y a en fait qu'une bête sauvage dans le monde. Aucun autre pays ne menacerait actuellement, en Europe du moins, un autre pays, si tous les pays pacifistes s'unissaient ouvertement et sincèrement afin de maintenir l'ordre public mondial. Mon cher camarade, éviter la guerre me semble le seul moyen de gagner du temps pour éduquer les masses et gagner des soutiens à la cause humaine qui est la nôtre. Une nouvelle guerre serait un coup fatal pour notre mouvement en faveur des classes travailleuses. Ce qui s'est passé en Italie et en Allemagne pourrait probablement avoir lieu dans les autres pays d'Europe. Ma proposition sauverait certainement des millions de vies et nous offrirait l'opportunité de promouvoir la cause socialiste[23]. »

Paul Otlet avait lui aussi écrit à Henderson quelques jours auparavant pour attirer son attention sur les perspectives de créer une Cité mondiale. Ce projet, présenté à la Conférence économique de Londres, se fonde sur un mémoire adressé au gouvernement

Affiche de l'Union belge pour la Société des Nations sur les dépenses de guerre, Bruxelles, sans date

---

[22] Arthur Henderson (1863-1935), membre du Parti travailliste britannique, syndicaliste et pacifiste. Il présida la Conférence de Genève pour le désarmement dans les années 1930 et reçut le prix Nobel de la paix en 1934.

[23] Archives de la SDN, S 475, (Disarmament, Mr. Henderson) Sta. B. 65/Shelf 44 Box S. 475, n° 10, 33, Geneva Schemes, Oct. 1933, La Fontaine à Henderson, 9 octobre 1933 (citation traduite de l'anglais).

SOCIETE DES NATIONS

(COUR DE JUSTICE INTERNATIONALE & BUREAU INTERNATIONAL DU TRAVAIL)

POUR PRÉVOIR LA GUERRE

LE MONDE DÉPENSE ANNUELLEMENT
POUR SES ARMEMENTS
£ 600 MILLIONS
UN CUIRASSÉ D'ESCADRE CÔUTE
ANNUELLEMENT 550.000 £
96 MILLIONS DE FRS.

POUR ASSURER LA PAIX

LE MONDE DONNE ANNUELLEMENT
A LA SOCIÉTÉ DES NATIONS
£ 1 MILLION
LA BELGIQUE DONNE A LA S.D.N.
2500 £. PAR AN (0,07 Frs PAR HABITANT)

LA S.D.N. SERA CE QUE LES NATIONS LA FERONT

Adhérez a l'Union Belge pour la S.D.N. Palais d'Egmont Bruxelles

Ets Jean De Vos. Brux.

PUBLICITÉ J. KEIFFER, 99, Rue de l'arbre Bénit, Bruxelles.

belge le 8 mai 1931, dont le principal argument se fonde sur le contexte de crise « qui perdure, d'imbroglio des dettes internationales, de la faiblesse croissante de l'organisme de Genève, de la nécessité de faire dominer les problèmes politiques par les problèmes économiques et intellectuels[24] ».

Est-ce là proposer une alternative à la montée des régimes fascistes et à l'incapacité de la SDN de réglementer les problèmes du monde en portant les États à désarmer ? Cette proposition, au milieu des nombreuses difficultés de l'année 1933, fait rêver, et l'historien qui la lit ne manque pas de sourire… Anvers capitale d'un nouveau monde ? Genève, ville qui a prouvé ses limites par la faiblesse croissante de la SDN ?

Peut-on qualifier de mégalomanes les vastes projets d'Henri La Fontaine et de Paul Otlet ? Non, certainement pas. Ces hommes ne sont pas des idéalistes. Ils veulent trouver des moyens de conjurer « la catastrophe que serait la guerre ».

En réalité, ce qu'ils ont tenté de mettre en place est un nouvel ordre qui mettrait fin à la diplomatie secrète, obsolète et pernicieuse. Prônant les relations multilatérales dans tous les domaines des sciences humaines et des sciences exactes, ils posent les fondements

Annonce d'une conférence intitulée « Dénouement du drame mondial. Le rôle des générations qui montent », donnée par Henri La Fontaine au Groupement universitaire de Bruxelles pour la Société des Nations en 1933

1933

CHER MEMBRE,

Le Groupement Universitaire de Bruxelles pour la Société des Nations (groupement d'étude des questions internationales) a l'honneur de vous inviter à la conférence que donnera Monsieur HENRI LAFONTAINE, ancien vice-président du Sénat, **le lundi 23 janvier, à 20 h. 30,** à la « Maison des Etudiants », rue Paul Héger, sur ce sujet :

DÉNOUEMENT DU DRAME MONDIAL !
LE ROLE DES GÉNÉRATIONS QUI MONTENT

Le Groupement espère que vous honorerez la séance de votre présence.

Le Secrétaire, H. HETTEMA.   *Le Président,* CH. BROGNIEZ.

d'un nouvel ordre juridique qui lentement fait son chemin et se concrétise en partie avec la mise en place de la coopération internationale dans l'entre-deux-guerres et de l'UNESCO après la Deuxième Guerre mondiale.

Déçu par la SDN, La Fontaine voit le salut dans les masses, puisque ce seront elles qui devront partir à la guerre si elles ne se secouent pas. En 1936, il lance au XXIe Congrès universel de la paix, qui se tient à Cardiff, un vibrant appel destiné à la collectivité humaine qui se doit d'être solidaire face à « l'intolérable crise mondiale, crise de structure ». Voici la teneur de son discours, qui est prophétique :

« L'heure semble proche où sur les capitales, sur les métropoles, sur les ports et les usines, des vols d'avions de bombardement surgiront, à l'improviste sans doute, au cours d'une nuit claire. C'est ce qu'il faut empêcher au prix d'efforts surhumains. Peut-on espérer que des coins les plus reculés du monde s'élève un appel qui ouvrira les yeux des masses sur toute la surface de la terre et les convaincra que c'est d'elles, et d'elles seules, que dépend le salut de l'humanité, par l'adoption de la norme suprême : *à tous un droit égal à tout*[25]. »

En juriste averti, La Fontaine ne cesse d'invoquer le recours à des normes universelles pour garantir la paix et le respect des droits humains. Il s'engage en faveur du développement et de l'application d'un code international. Inspiré par les valeurs universelles de paix, de démocratie et de liberté de ses prédécesseurs, les fondateurs du mouvement pacifiste, il en hérite la foi profonde et la ténacité dans l'action. Bien avant l'avènement des deux guerres mondiales, il envisage la nécessité d'un texte qui garantirait à tout citoyen du monde ses droits humains. La « Déclaration universelle des droits de l'homme » n'est adoptée par l'Assemblée générale des Nations unies qu'en 1948 ! Puisse La Fontaine continuer à être une source d'inspiration pour toute personne ou ONG qui veut s'engager sur la voie périlleuse et courageuse de la recherche d'une paix égale et équitable aux quatre coins de la planète.

SDN, S 475, Otlet à Henderson, 29 septembre 1933.

« Avant-propos », in : *XXIe Congrès universel de la paix tenu à Cardiff (Pays de Galles) du 13 au 19 juin 1936. Documents officiels*, Genève, Bureau international de la paix, 1936, p. 5-8.

Texte dactylographié d'Henri La Fontaine : « Il faut croire en la Société des Nations » [1921]*

« Seule la Société des Nations peut assurer le salut du monde. Elle doit non seulement mettre fin au régime de la guerre, mais elle doit supprimer les causes des haines et des méfiances. Pour que cela soit possible il faut que les principes qui doivent être à la base de l'organisation politique du monde soient nettement dégagés. Ces principes devraient faire l'objet d'une déclaration des devoirs et des droits des peuples. Je dis devoirs et droits parce que je considère les devoirs comme plus essentiels que les droits.

Il faut proclamer tout d'abord que le but primordial à poursuivre par la communauté mondiale est d'assurer à chaque membre de cette communauté, sans distinction de race, de nationalité, de religion, d'opinion politique ou sociale, la satisfaction de ses besoins matériels et intellectuels. Le monde doit être considéré comme une seule cité et les hommes en sont les citoyens. C'est en eux que réside la souveraineté et celle-ci doit trouver son expression dans un organisme qui émane d'eux. La conséquence la plus directe en est que la Société des Nations doit reposer sur des bases démocratiques.

C'est dire que des réformes s'imposent et que le Pacte constitutif de la Société des Nations doit être profondément remanié. Il faut que l'Assemblée en soit élue, soit directement par les peuples, soit à l'intervention des parlements. Peut-être serait-il bon que l'Assemblée soit doublée d'une Chambre populaire à l'exemple de la Confédération de l'Amérique du Nord. En tous les cas il faudrait que les membres de ces organismes législatifs possèdent un vote individuel. Il faudrait aussi que la règle de l'unanimité soit abolie et que des majorités appropriées puissent éventuellement lier l'ensemble des nations.

Les causes de conflits sont surtout économiques. Ce sont elles que la Société des Nations aura surtout pour mission d'écarter. La force des choses la contraint déjà à se préoccuper des problèmes du travail, du commerce, du transit, des communications, des douanes. Il lui faudra envisager bientôt les problèmes financiers et monétaires, les réparations et les dettes interalliées, la répartition des matières premières, la dissémination des hommes de par le monde.

Enfin il importe de proclamer le caractère obligatoire des recours à la Cour de justice internationale. Grandes et petites nations doivent s'incliner devant le droit et tout acte de guerre doit être stigmatisé à l'égal d'un crime. Il faut comminer contre les peuples et les individus qui provoqueront ou même conseilleront la guerre les plus terribles pénalités. C'est tout un système de sanctions qu'il y a lieu d'introduire et d'organiser. Il faut en outre réglementer avec la plus grande précision la fabrication des armes et la communauté humaine doit seule avoir la faculté d'en fabriquer dans la limite de son devoir de police.

La paix ne peut régner que dans un monde désarmé. »

* Mundaneum, Papiers personnels d'Henri La Fontaine, boîte 199, dossier 8

LE FOYER INTELLECTUEL

UNIVERSITÉ POPULAIRE — **SAINT-GILLES-BRUXELLES**

Conférences publiques
Sections hebdomadaires
Fêtes et soirées musicales
Excursions et voyages
Visites d'usines et musées
Caisse d'Épargne

SOLIDARITÉ - INSTRUCTION

Bibliothèque et Salle de lecture publique
Service de Renseignements Juridiques, commerciaux
Service de placement
Réunions amicales de Jeunes gens et Jeunes filles

EDUCATION - EXCURSIONS

Le Collège échevinal, désireux de rehausser cet évènement *unique* dans les annales de l'éducation populaire a décidé que la

1000ᵉ conférence

Samedi 23 décembre 1905, à 8 heures précises

sous la présidence de M. le Bourgmestre M. Van Meenen

donnée par

M. le sénateur H. LAFONTAINE

sur

L'Organisation Mondiale — Parlement — Justice — Enseignement
Fédération économique.

aurait lieu à l'HOTEL-DE-VILLE (Salle du Conseil)

Nos membres voudront reconnaître cette haute preuve de sympathie en assistant TOUS avec leur famille à cette intéressante conférence.

Dimanche 24 décembre, à 4 heures

à l'Hôtel-de-Ville de Saint-Gilles

RÉCEPTION PAR L'ADMINISTRATION COMMUNALE

ET

REMISE DU DRAPEAU

par M. le Bourgmestre

Imp. J. Wauters, St-Gilles-Bruxelles.

Annonce d'une conférence donnée par Henri La Fontaine au Foyer intellectuel de Bruxelles en 1905 sur le thème de l'organisation mondiale

« Les femmes forment la majorité du genre humain et constituent dans l'armée pacifiste les plus gros bataillons. »

Lettre d'Henri La Fontaine à Adrienne Avril de Sainte-Croix (Conseil international des femmes), 1er août 1925 (Mundaneum, Papiers personnels d'Henri La Fontaine, boîte 29, dossier 1)

Henri La Fontaine était-il féministe ?

Valérie Piette (SAGES-Université libre de Bruxelles)

Henri La Fontaine, féministe !? En effet, de tous ses engagements, et ils furent nombreux, le féminisme d'Henri La Fontaine a peu retenu l'attention des historiens. Et pourtant, le féminisme fait partie intégrante de sa vie, il la façonne. Ce combat n'est pas de ceux que l'on retient car le pacifisme d'Henri La Fontaine en dissimule bien d'autres. Pourtant ses engagements sont multiples, ils se combinent et se nourrissent les uns les autres. Compagnon de route du féminisme, il en épouse la trajectoire, son histoire et ses utopies, ses causes, ses défaites ou ses victoires. Il vient au féminisme comme par évidence.

La Fontaine est sans conteste un homme de droit(s), épris de justice, nourri aux idées de liberté et d'égalité. Un homme de son temps, un homme de son siècle. Bercé par le positivisme d'Auguste Comte et le libéralisme de son père, Alfred La Fontaine, un homme effacé qui occupe plusieurs hautes fonctions au sein de l'administration communale bruxelloise, il grandit au sein d'une famille libérale bruxelloise très aisée. Son père, qui depuis 1874 remplissait les fonctions de commissaire du gouvernement auprès de la Banque nationale, meurt en 1882. Mais plus que la figure paternelle, sa mère, Marie-Louise Philips, joue un rôle déterminant dans les choix que posera Henri La Fontaine tout au long de sa vie. Originaire de Maastricht, née en 1826, issue d'une famille fortunée et cultivée, Marie-Louise Philips est une femme instruite, érudite, qui tient salon et invite les intellectuels progressistes de la capitale. Elle défend la paix et la « cause des femmes ». Henri est élevé dans ce laboratoire d'idées progressistes et émancipatrices. Le jeune homme et sa sœur Léonie (1857-1949), de trois ans sa cadette, côtoient des personnalités, écoutent avec intérêt les débats animés qui enflamment le salon maternel. La figure maternelle joue un rôle considérable dans les choix d'Henri. Des liens étroits unissent le frère, la sœur et la mère, des liens affectifs évidemment mais également intellectuels et activistes, tous les trois étant partisans de multiples causes.

Léonie La Fontaine (à droite) avec des amies, sans date (plaque de verre)

Éduquer, instruire : premiers pas vers le féminisme ?

Après des études de droit à l'ULB, qui joueront un rôle capital dans sa vie publique et dans son engagement pacifiste, le jeune homme collabore avec de grands juristes de son temps : Jules Bara, Auguste Orts ou encore Edmond Picard. C'est de cette époque que date son entrée au sein du conseil d'administration de l'école Bischoffsheim. Nous sommes en 1879.

Henri La Fontaine a vingt-cinq ans. Cette école professionnelle pour jeunes filles est ouverte depuis plus de quinze ans. Mais bien plus qu'une école, il s'agit là d'un projet ou plutôt de l'aboutissement de réflexions menées par de jeunes libéraux dès les années 1850. En effet, un groupe de progressistes, l'aile gauche du Parti libéral, ouvre le débat sur la démocratisation de la société, le rôle émancipateur de l'enseignement. Ces jeunes libéraux militent avec fougue pour l'éducation des masses. L'enseignement devient alors un enjeu politique essentiel entre libéraux et catholiques et consomme la rupture entre les deux grandes familles politiques belges. Si jusqu'alors l'éducation religieuse de la femme était perçue comme positive car morale et garante de vertu, elle devient brusquement un mal à combattre. La femme peut devenir un danger et introduire dans le foyer, et surtout auprès de ses enfants, les germes de la religion et pire encore ceux de l'Église catholique et du Parti catholique. La bourgeoisie libérale découvre qu'elle a un besoin vital de former des femmes, des mères aux idées progressistes. Mais, de ce point de vue, la situation est plutôt catastrophique. Les pensionnats et écoles privées sont, à quelques exceptions près, dirigés par des religieuses. Il faut donc imaginer un enseignement pour les filles de la bourgeoisie libérale. Cette idée est débattue au sein du Grand Orient de Belgique dès 1854, alors qu'Henri La Fontaine pousse à peine ses premiers cris. La franc-maçonnerie est alors à la pointe du combat anticlérical depuis son excommunication par les évêques belges en 1837. La loge bruxelloise *Les Amis philanthropes* débat, discute et bientôt devient le chantre de l'émancipation féminine. Dès cet instant les jeunes libéraux, de nombreux maçons, et les féministes convergent vers la même cause : éduquer, instruire et émanciper les femmes (surtout de la tutelle de l'Église). Ainsi l'enseignement féminin se trouve « au cœur d'intérêts croisés qui vont mutuellement s'épauler [1] ».

Henri La Fontaine, vers 1900
(photographie J. Ganz, Bruxelles)

Les paroles se transforment en actes. La Ligue belge de l'enseignement, fondée en 1864, promeut l'éducation de la femme. La même année, Isabelle Gatti de Gamond (1839-1905), figure emblématique du féminisme belge, ouvre les portes de son école, la première d'éducation pour jeunes filles, rue du Marais. Soutenue dans son projet par la Ville de Bruxelles, dirigée par les libéraux, Isabelle Gatti attise bien vite la colère des catholiques. Toujours en 1864, décidément, une Association pour l'enseignement professionnel des filles voit également le jour. Un an plus tard, avec l'appui du banquier et philanthrope libéral Jonathan Raphaël Bischoffsheim (1808-1883), elle ouvre, après quelques déménagements successifs, rue du Marais également, la première école professionnelle pour filles, sur le modèle proposé quelques années auparavant, en France, par Élisa Lemonnier (1805-1865). Cette fouriériste française a, en 1862, organisé le premier enseignement professionnel pour filles. L'idée est de combiner une instruction générale avec un apprentissage technique hors de l'atelier. Il s'agit donc d'un système du « demi-temps[2] ». Cette initiative enthousiasme les membres de la Ligue de l'enseignement ainsi que les féministes. De plus, ici non plus, pas de cours de religion à l'école. Calquée sur ce modèle français tout récent, l'expérience est donc tentée à Bruxelles. Mais, à la différence de ce qui s'est fait en France, le conseil d'administration ne comporte que des hommes : des philanthropes et des hommes politiques libéraux dont Charles Buls (1837-1914), futur bourgmestre de la Ville de Bruxelles, Ghislain Funck (1822-1877), échevin de l'Instruction publique de Bruxelles, partisan d'un enseignement féminin et proche d'Isabelle Gatti de Gamond, Auguste Couvreur, député libéral depuis 1864, ou encore Jonathan Raphaël Bischoffsheim. L'école bruxelloise, qui deviendra l'École Bischoffsheim en 1891, dispense des cours mixtes : les matinées sont consacrées aux cours généraux, les après-midi à la formation professionnelle. L'association souhaite ainsi « diriger la jeune fille vers des études spéciales en rapport avec sa vocation, lui donner les moyens de s'employer dans des professions sédentaires, faciles à exercer près du foyer domestique, la soustraire aux dangers des ateliers d'apprentissage tels qu'ils fonctionnent actuellement, aplanir pour elle les difficultés de la vie active, soutenir ses premiers pas dans les voies fécondes du travail, rehausser sa valeur comme femme et comme ouvrière[3] ». Le but explicite est de faire de ces jeunes filles « des ouvrières habiles mais encore des mères de famille instruites, capables d'assister l'homme qui les choisira pour compagnes, des mères dignes d'être les premières éducatrices de leurs fils[4] ». On retrouve bien là les idées débattues chez les jeunes libéraux et dans certaines loges du Grand Orient de Belgique dès les années 1850.

Henri La Fontaine devient membre de l'Association dès 1879, il en sera même le secrétaire[5]. Mais son implication dans ce vaste projet ne s'arrête pas là. Dix ans plus tard, il devient également président-trésorier de la Société Aide-toi, société de secours mutuels dont le but premier est de maintenir une solidarité entre élèves et anciennes des écoles

---

Éliane GUBIN & Valérie PIETTE, *Isabelle Gatti de Gamond. La passion d'enseigner*, GIEF, ULB, 2004, p. 29.

Marianne DE VREESE, « L'association pour l'enseignement professionnel des femmes et les débuts de l'École Bischoffsheim à Bruxelles (1864-1868) », in : *Revue belge d'histoire contemporaine*, t. XXII, 1991, p. 631.

Association pour l'enseignement professionnel des femmes, Bruxelles, 1871, p. 3.

Idem, p. 4.

Mundaneum, Papiers personnels d'Henri La Fontaine, boîte 14, dossier 3.

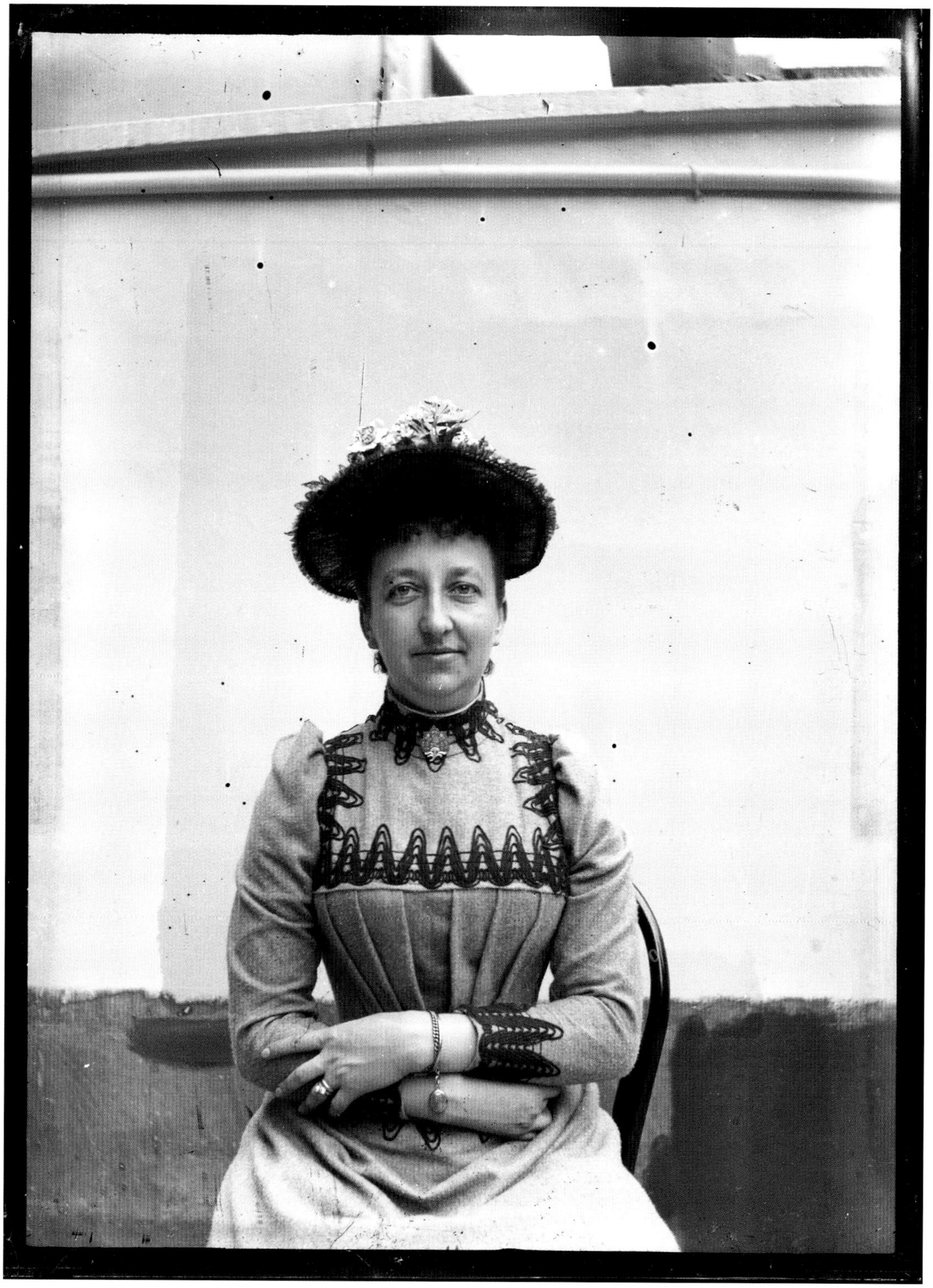

dirigées par l'Association pour l'enseignement professionnel des femmes⁶, solidarité renforcée par la recherche d'un travail après les études et par des secours distribués en cas de maladie. Il y rencontre des francs-maçons, des libéraux, des philanthropes qui orienteront une bonne partie de sa vie publique. C'est sans doute là qu'il a ses premiers contacts avec Auguste Couvreur, secrétaire général puis président de l'Association – une rencontre décisive. Ce fils d'industriel gantois, éminent journaliste, spécialiste de la politique étrangère, député bruxellois depuis 1864, milite depuis des années pour l'amélioration des conditions de travail de la classe ouvrière, pour un enseignement primaire obligatoire gratuit et neutre ainsi que pour l'amélioration du sort des femmes⁷. Près de trente ans séparent les deux hommes mais une profonde estime et bientôt une réelle amitié les uniront. En 1882, Henri La Fontaine entre en loge. Il est initié aux *Amis philanthropes*. L'influence d'Auguste Couvreur dans cette initiation est évidente. Des liens maçonniques unissent dorénavant les deux amis. Ensemble, ils continuent à s'investir dans différentes causes : le progrès social et le pacifisme. En 1890, ils sont à l'origine de la création de la Société d'études sociales et politiques. D'après ses statuts, cette association « a pour but d'aider au progrès de la vie sociale des peuples par l'étude des conditions qui déterminent le progrès⁸ ». Bref, les engagements communs des deux hommes sont nombreux et l'influence d'Auguste Couvreur est déterminante.

Une autre personne jouera un rôle décisif dans les choix d'Henri La Fontaine : sa sœur Léonie⁹. Elle s'engage totalement et tout au long de sa vie dans les luttes féministes nationales et internationales. Il en est une où frère et sœur s'impliqueront côte à côte, et qui marque le début du féminisme structuré belge : l'affaire Popelin, qui suscitera la constitution de la Ligue belge du droit des femmes.

Un détonateur : Marie Popelin, avocate ?
L'avocat au secours de l'avocate

En 1880, trois femmes sollicitent leur inscription comme étudiantes à l'Université libre de Bruxelles (ULB). Ces demandes sont acceptées et font grand bruit, y compris dans la famille libérale. Malgré des hésitations et bien des tergiversations, l'ULB ouvre ses portes à

Léonie La Fontaine, sans date (plaque de verre)

Société de secours mutuels, dite Société Aide-toi. Statuts, Bruxelles, 1889, p. 2.

Voir notice sur Auguste Couvreur (1827-1894) dans *Biographie nationale*, t. 43, Bruxelles, 1983, col. 228-235. Cité par Guy VANTHEMSCHE, « Laboratoires d'idées et progrès social. Le cas de l'Association belge pour le progrès social et ses prédécesseurs (1890-1960) », in : Ginette KURGAN-VAN HENTENRYK (éd.), *Laboratoires et réseaux de diffusion des idées en Belgique (xixᵉ-xxᵉ siècles)*, Bruxelles, ULB, 1994, p. 57.

Sur Léonie La Fontaine, voir les travaux de Stéphanie MANFROID, dont « Une femme entre deux utopies. Le féminisme et le pacifisme. Léonie La Fontaine (1857-1949) », in : *Cahiers internationaux du symbolisme*, 2000, p. 157-168 et *Dictionnaire des femmes belges. xixᵉ-xxᵉ siècles*, Bruxelles, Racine, 2006, p. 353-355.

Marie Popelin, sans date

des étudiantes, suivie bientôt par les universités de Gand et de Liège[10]. Les années qui suivent voient une progression lente mais continue des effectifs estudiantins féminins. L'accès à l'université couronne les efforts de nombreux pédagogues et de féministes, dont évidemment Isabelle Gatti de Gamond. Si rien n'est totalement acquis, notamment l'accès à certaines professions, une fois le diplôme en poche, l'espoir est bien au rendez-vous. Un espoir d'une société certes encore imparfaite mais plus égalitaire, où les femmes s'émanciperont grâce aux études. Mais en 1888 l'espoir est étouffé net. « L'affaire » Popelin sonne le glas de bien des illusions. Marie Popelin, dûment diplômée en droit de l'ULB, demande son admission au barreau de Bruxelles. La Cour d'appel puis la Cour de cassation rejettent son inscription. Si, formellement, rien ne s'oppose à la demande de Marie Popelin, le fait qu'elle soit une femme est utilisé comme argument massue pour lui interdire l'accès au barreau. Pour repousser la demande, le procureur général invoque « la nature particulière de la femme, la faiblesse relative de sa constitution, la réserve inhérente à son sexe, la protection qui lui est nécessaire, sa mission spéciale dans l'humanité, les exigences et les sujétions de la maternité, l'éducation qu'elle doit à ses enfants, la direction du ménage et du foyer domestique confiée à ses soins qui la placent dans des conditions peu conciliables avec les devoirs de la profession d'avocat et ne lui donnent ni les loisirs ni la force ni les aptitudes nécessaires aux luttes et aux fatigues du barreau[11] ». Ces arguments sont d'autant plus incongrus que Marie Popelin est alors âgée de quarante-deux ans, célibataire et sans enfant. Bien au-delà de son cas personnel, ce jugement rappelle aux femmes la place et le rôle qui leur sont assignés dans la société. C'est un coup de tonnerre qui retentit dans le ciel féministe bruxellois, belge mais aussi international. « L'Affaire » fait grand bruit, d'autant plus que la question de la femme avocat se pose avec autant d'acuité dans de nombreux pays et partout – à l'exception notoire des États-Unis – le résultat sera identique. Mais Marie Popelin a des alliés, dont de nombreux hommes. Edmond Picard, Émile Vandervelde, Hector Denis, Henri La Fontaine et Louis Frank[12] poursuivent ce qui est alors devenu un combat féministe[13].

L'opinion publique est divisée. La profession d'avocat est hautement symbolique et si son accès était donné aux femmes, elle renverrait bien des schémas, dont l'image de la femme qu'il faut protéger et défendre : l'avocat n'est-il pas le défenseur des nobles causes, de la veuve et de l'orphelin ? Mais aussi cet accès offrirait aux femmes une tribune, une entrée dans la sphère publique, elles qu'on essaie de cantonner dans la sphère privée, elles porteraient un uniforme, une tenue vestimentaire, une toge – une robe pourtant…

Un petit groupe composé d'hommes et de femmes décident, sous la direction de Marie Popelin et de Louis Frank, de poursuivre la lutte. La Ligue belge du droit des femmes, première organisation féministe belge, voit bientôt le jour. Marie Popelin et Louis Frank préparent d'abord le terrain. Pendant plusieurs années, ils arpentent le pays, argumentent, défendent avec conviction les droits pour lesquels ils se battent. En 1892, ils décident de passer à la vitesse supérieure et de créer une organisation mieux à même de défendre leur cause. Le 19 avril, ils organisent une première réunion préparatoire. Outre Marie Popelin et Louis Frank y assistent Isala Van Diest (1842-1916), première femme médecin belge, Albert du Chastain (1849-1925), publiciste et conférencier fort en vogue, Léonie et Henri La Fontaine. On y discute des statuts, de l'organisation et des moyens d'action de la future Ligue. Quelques centaines de personnes adhèrent rapidement au projet, dont de nombreuses femmes. Parmi elles, soulignons la présence de l'écrivaine, journaliste et féministe australienne Jessie Huybers (1848-1897), mieux connue sous le pseudonyme de Tasma, épouse d'Auguste Couvreur[14]. Les liens amicaux et affectifs, les réseaux d'idées jouent indéniablement un rôle majeur dans l'adhésion à la Ligue. Jessie Couvreur en sera d'ailleurs durant un temps membre du premier comité de direction[15].

Invitation à une conférence donnée par Henri La Fontaine à la Ligue belge du droit des femmes, sur le rôle politique et social de la femme dans la communauté mondiale (1920)

[10] Sur l'accès des femmes à l'université, voir notamment Éliane GUBIN et Valérie PIETTE, *Emma, Louise, Marie... L'Université libre de Bruxelles et l'émancipation des femmes (1834-2000)*, Bruxelles, ULB, 2004.

[11] *La Belgique judiciaire*, XLVIII, 22, n° 1, 3 janvier 1889, col. 15.

[12] Louis Frank (1864-1917), docteur en droit, est un militant féministe de la première heure. Il défend partout et toujours le droit des femmes, notamment celui de l'accès à la profession d'avocat. Il écrit avec conviction des ouvrages, des brochures, il donne de nombreuses conférences en Belgique et à l'étranger sur ce sujet. Voir la notice d'Éliane GUBIN qui lui est consacrée dans *Dictionnaire des femmes belges. xixe-xxe siècles*, Bruxelles, Racine, 2006, p. 253-254.

[13] Sur la question de la femme avocate, voir Jean-Pierre NANDRIN, « La femme avocate. Le long combat du féminisme belge, in : *Sextant*, n° 19, 2003, p. 131-142.

[14] Sur Jessie Huybers, épouse Couvreur (1848-1897), voir notamment Patricia CLARKE, *Tasma. The Life of Jessie Couvreur*, Sydney, Allen and Unwin, 1994.

[15] Françoise VAN LIERDE, *La Ligue belge du droit des femmes, 1892-1897*, mémoire, UCL, 1971, p. 83-84.

Mais l'acte fondateur de la Ligue et donc du féminisme belge a lieu le 27 novembre 1892, dans le grand auditoire de l'Université libre de Bruxelles. La Ligue y tient alors sa première assemblée générale. De nombreuses personnalités sont présentes, dont le recteur de l'ULB, le socialiste Hector Denis, et l'ambassadeur d'Italie à Bruxelles, le baron de Rensis. Henri La Fontaine préside les débats. Ici encore le rôle de Léonie est indéniable, elle qui s'investira durablement au sein de l'association, notamment en tant que trésorière.

La Ligue entend bien mener son action en dehors de tout parti et le lieu choisi pour lancer le mouvement n'est pas anodin. Si l'Université libre de Bruxelles offre au mouvement un gage de responsabilité et de sérieux, elle engage également la Ligue sur le plan idéologique. Liée à la libre-pensée, elle aura bien du mal à s'en éloigner et à fédérer toutes les sensibilités du féminisme. Le discours d'ouverture d'Henri La Fontaine prouve à quel point il en est conscient et essaie déjà de s'en défendre : « Nous sommes ici dans le laboratoire de la pensée libre. Je dis pensée libre et non libre-pensée ; je dis aussi laboratoire et non palais ou temple parce qu'il n'est ici ni autorité qui commande ni dogme qui s'impose. [...] L'Université a compris que les revendications féminines sont sérieuses, qu'elles méritent de fixer l'attention, qu'elles ne sont point l'œuvre de quelques exaltés. Mais qu'elles sont un fait et qu'à ce titre, elles sont dignes d'examen et de discussion [16]. » Et de poursuivre sur l'esprit dans lequel la Ligue souhaite travailler : « Nous voulons que les femmes restent femmes... Mais nous voulons qu'elles soient des femmes réelles et non plus des servantes, des ménagères ou des mondaines. Nous voulons qu'elles participent à la vie intellectuelle des hommes et qu'elles soient capables d'élever des fils... Nous voulons leur donner la plénitude de leurs droits pour qu'elles deviennent pleinement conscientes de leurs devoirs [17]. » S'il parle au nom de la Ligue, il est évident que l'on découvre également là sa vision du féminisme. Léonie La Fontaine, trésorière de la Ligue, est assise, sur l'estrade de l'auditoire de l'ULB, aux côtés de son frère. Il est évident que l'influence de Léonie est déterminante quant à la présence d'Henri La Fontaine à la tribune de la Ligue.

D'autres éléments montrent qu'Henri La Fontaine est déjà bien engagé dans ce combat. N'oublions pas qu'il est juriste et qu'il s'apprête alors à rejoindre les rangs du Parti ouvrier belge. Membre actif du Conseil général de la Fédération belge des avocats, il y défend le principe de la liberté d'association. Il anime également un rassemblement d'avocats

Brochure publiée par Henri La Fontaine en 1901 sur l'accès de la femme à la profession d'avocat

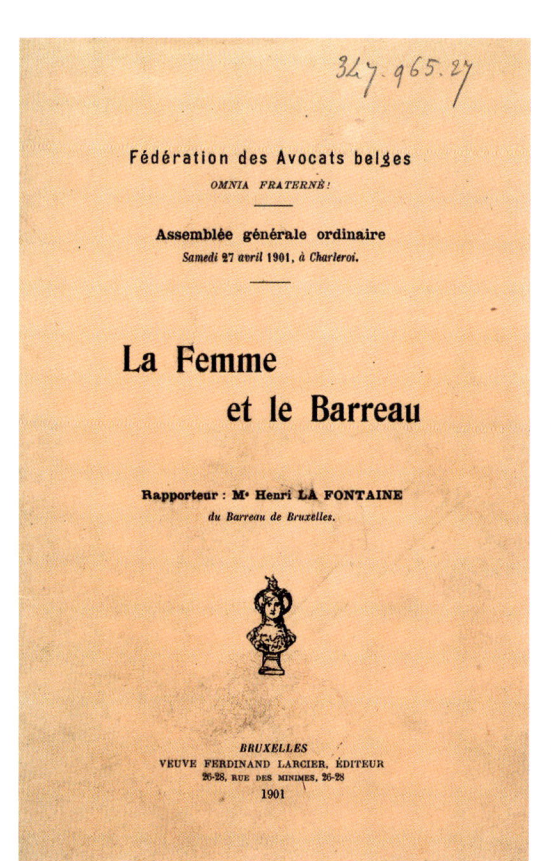

tentant d'obtenir la modification du décret de 1811, permettant ainsi d'ouvrir la magistrature aux femmes[18]. Quelques années plus tard, en février 1901, il donne à la Fédération des avocats une conférence sur la femme avocate, qui paraîtra quelques mois plus tard sous forme de brochure. Il répond point par point à tous les détracteurs de l'accès des femmes au barreau et révèle ainsi sa vision de la femme, du féminisme mais également de la société. Pour Henri La Fontaine, « le privilège de la masculinité » est enfin aboli mais « avec quelle lenteur hiératique le geste libérateur est réalisé ». Socialiste, il rend tout d'abord hommage aux femmes du peuple et aux ouvrières car dans les usines, là « il leur est permis de s'épuiser au travail, de compromettre leur santé et celle de la race, d'assurer aux chefs des entreprises et aux propriétaires des manufactures le bénéfice de salaires de famine[19] ». « Les métiers les plus vils et les plus pénibles sont exercés par elles, depuis celui de balayeuse de rues et de ramasseuse de vieux os et de vieux chiffons[20]. » Il n'est guère tendre envers ceux « qui se prétendent les soldats du droit » et qui refusent de voir les femmes exercer comme avocates. Au-delà d'une inégalité flagrante entre hommes et femmes, pour Henri La Fontaine, l'entrée des femmes au barreau « imprégnera l'esprit juridique de pitié et de pardon, la Justice deviendra plus féminine et, partant, plus humaine ; elle fera œuvre de bonté et de miséricorde, et la loi ne sera plus l'appareil d'épouvante et d'effroi qu'elle est pour la majorité immense des hommes[21] ».

Henri La Fontaine continuera à suivre ce dossier. À la différence de Louis Frank et de Marie Popelin, décédés trop tôt, Henri La Fontaine connaîtra des avocates et les verra plaider, car la profession s'ouvre enfin aux femmes en 1922.

Si Henri La Fontaine continue à faire partie du Comité de la Ligue, il ne sera pas aussi actif que sa sœur. Il reste une caution évidente pour le mouvement mais il est entre-temps appelé à devenir sénateur socialiste et à parcourir le monde pour défendre ses idées pacifistes. Membre du Parti ouvrier belge depuis 1895, Henri La Fontaine défend partout les idéaux socialistes, notamment au Sénat. Une des grandes causes qui lui tient à cœur est l'obtention du suffrage universel pour tous et toutes. Il participe activement au combat pour l'octroi du suffrage universel. Mais les socialistes s'allient bientôt avec les libéraux. Quelques conditions sont émises afin que cette union puisse se réaliser, dont celle de retarder la demande du suffrage féminin. Henri La Fontaine tente vainement

---

[16] Cité dans Françoise DE BUEGER-VAN LIERDE, « La Ligue belge du droit des femmes », in : Sextant, n° 1, ULB, 1993, p. 17.
[17] Ibid.
[18] Guenaël VANDE VIJVER, L'Action politique d'Henri La Fontaine, mémoire inédit en histoire contemporaine, ULB, 2002, p. 12.
[19] Henri LA FONTAINE, La Femme et le barreau, Fédération des avocats belges, Bruxelles, Larcier, 1901, p. 5. Les archives du Mundaneum conservent un exemplaire de cette brochure qui est dédicacé à Mathilde Lhoest, sa future femme, en ces termes : « afin que cette plaidoirie féministe plaide vaillamment sa cause, si besoin est, auprès de l'aimable Binette ».
[20] Idem, p. 8.
[21] Idem, p. 12.

de persuader ses camarades du bien-fondé et de la nécessité de se battre pour un suffrage universel pur et simple. La pilule semble bien amère. S'il accepte à contrecœur les arguments de la « *real politik* » avancés par son ami Émile Vandervelde, il n'en oublie pas pour autant le combat. Au Sénat, à partir de 1901, il met sa revendication en sourdine mais il poursuit cette quête en dehors du mouvement socialiste et en dehors du pays. En 1910, il cherche des appuis étrangers en faveur du suffrage féminin au sein de l'Union des associations internationales et, en 1912, il participe à deux congrès de l'*International Alliance for Woman Suffrage*[22]. Mais la politique belge accapare de moins en moins Henri La Fontaine. Dès la fin du XIXe siècle, en Belgique et bientôt sur la scène internationale, il devient totalement incontournable dès qu'il est question de paix.

Le féminisme : un allié cher au pacifiste

Pour Henri La Fontaine, le pacifisme ne peut se construire qu'en compagnie des femmes. Il souhaite donc les faire participer au grand mouvement pacifiste belge et européen. Actif sur tous les fronts du mouvement pacifiste, il exhorte les femmes et les féministes à le rejoindre. Il pense que les femmes sont naturellement enclines à la paix et peuvent réussir à changer le monde et à éviter les guerres. Ces idées sont également avancées par les féministes. Différentes des hommes plus belliqueux, pacifistes par nature, elles prônent souvent ce différentialisme leur permettant ainsi de devenir actrices sur la scène de l'histoire. Léonie La Fontaine, réfugiée à Lausanne en 1914, après l'invasion de la Belgique, n'écrit-elle pas : « Le triomphe des droits de la femme amènera la paix universelle sur la terre[23] ? » L'engagement pour la paix semble naturel. Les femmes, souvent mères, refusent la guerre, la condamnent et revendiquent la paix. Pacifisme et féminisme font souvent bon ménage car « être pacifiste semble aller de soi pour les féministes, qui considèrent volontiers que l'inverse est également vrai : le droit à la paix est un droit fondamental et toute personne qui milite en sa faveur ne peut être que féministe car il s'agit d'une lutte contre la guerre, perçue comme un produit du monde masculin[24] ».

L'échec de la paix et donc le déclenchement du premier conflit mondial ne feront que renforcer l'idée de la nécessité d'associer les femmes au pacifisme. Réfugié en Angleterre puis aux États-Unis, Henri La Fontaine soutient la *Women's Union for Peace*. Aux États-Unis, il accepte de parler de la situation belge au *Woman's Peace Party*[25]. À la fin du

« Appel aux femmes », affiche du Parti général des femmes belges (créé à l'initiative de la Ligue belge du droit des femmes), signée Marie Parent et Léonie La Fontaine, 1921

---

[22] Guenaël VANDE VIJVER, *op. cit.*, p. 58.
[23] Cité dans Marinette BRUWIER, « Henri La Fontaine et l'ordre maçonnique mixte international le Droit humain », in : *Cent ans de l'Office international de bibliographie*, Mons, Mundaneum, 1995, p. 118.
[24] Éliane GUBIN et Leen VAN MOLLE (*dir.*), *Des femmes qui changent le monde. Histoire du Conseil international des femmes*, Bruxelles, Racine, 2005, p. 171.
[25] Mundaneum. Papiers personnels d'Henri La Fontaine, boîte 40, dossier 9.

Parti général des Femmes belges

APPEL AUX FEMMES

Le P. G. F. B. s'est constitué dans le but de grouper **toutes les femmes de Belgique** et d'établir entre elles une **union** et une **entente** sur la base de quelques principes fondamentaux.

Ce groupement dominera les **luttes et les querelles de partis** et s'écartera le plus possible de la politique pour diriger tous ses efforts vers la solution des **questions sociales.**

Toutes les femmes belges peuvent adhérer à notre programme quelles que soient, par ailleurs, leurs opinions économiques, politiques, philosophiques ou religieuses.

Nos adhérents sont priés de n'accorder leur vote qu'aux candidats qui **s'engageront formellement** à lutter en faveur de la réalisation du programme exposé ci-dessous et à défendre en toutes circonstances **les intérêts des femmes et des enfants.**

Marie Parent. **Léonie La Fontaine.**

PROGRAMME :

1° Lutte contre l'alcoolisme ;
2° Lutte contre l'ignorance ;
3° Protection de la mère et de l'enfant ;
4° Lutte contre la débauche ;
5° Lutte pour la suppression de la guerre.

Imp. Charles BULENS (soc. an.), 75, rue Terre-Neuve, Bruxelles.

conflit, il reprend le combat sur le continent européen. Il est de tous les meetings, de toutes les conférences internationales. Auréolé du prix Nobel, il est devenu une référence incontournable, y compris pour les féministes qui le sollicitent fréquemment pour venir parler dans leurs congrès. Il est ainsi membre de nombreux comités d'honneur, dont celui de la *Women's International League for Peace and Freedom*. Il refuse la moindre désertion dans les rangs féministes et répond avec virulence à celles qui ne participent pas activement aux activités pacifistes. Il s'adresse donc sèchement à Adrienne Avril de Sainte-Croix (1855-1939) qui lui annonce que le Conseil international des femmes (CIF) ne participera pas au Congrès universel de la paix de 1925 : « Que les femmes se dérobent au devoir qui leur incombe de collaborer en toutes circonstances à un effort collectif en faveur d'une paix définitive, souhaitée par toutes les mères, c'est là un fait qui nous a profondément émus et ce nous est une pénible tâche de vous le dire. […] C'est à la conscience des femmes que nous voulons encore faire appel, convaincus qu'elle les éclairera et leur démontrera que des considérations mesquines ne sont plus de mise à l'heure actuelle. […] Nous ne pouvons nous empêcher de considérer une telle conduite comme une trahison devant l'ennemi. » Au-delà de ce rappel à l'ordre très clair, Henri La Fontaine développe dans ce courrier sa vision de l'apport féminin fondamental au mouvement pacifiste : « Les femmes forment la majorité du genre humain et constituent dans l'armée pacifiste les plus gros bataillons[26]. »

La notoriété du Prix Nobel belge lui vaut bien des invitations, des demandes. Certaines sont évidemment initiées par sa sœur Léonie, ardente militante féministe pacifiste. D'autres sont quelquefois plus étonnantes. C'est ainsi qu'Henri La Fontaine accepte de devenir membre du jury du Prix Séverine dont le slogan est : « La Paix ?... Oui, si les Femmes voulaient ! » Ce prix français est attribué au meilleur ouvrage inédit « écrit par une femme ayant pour but de servir l'idée de paix internationale ». C'est bien comme Prix Nobel et directeur du Bureau international de la paix qu'Henri La Fontaine est sollicité pour faire partie du jury, au même titre que Victor Basch (1863-1944), cofondateur et président de la Ligue française des droits de l'homme, ou Yvonne Netter (1889-1985), une des premières avocates françaises… Il participe peu aux délibérations annuelles du prix qui se déroulent à Paris mais il lit consciencieusement les manuscrits retenus et reçoit un abondant courrier des écrivaines nominées en vue de retenir son attention et surtout son soutien et sa voix[27].

Conclusion

Henri La Fontaine est devenu, à tort ou à raison, un intellectuel incontournable dans la cause féministe. Son nom ouvre des portes et est caution de la respectabilité que recherchent justement les mouvements féministes.

Si l'ombre de Léonie plane toujours dans la vie d'Henri La Fontaine (mais n'en va-t-il pas de même pour de nombreux intellectuels et hommes politiques ?), il serait profondément réducteur de ne voir dans ses prises de position que l'influence de sa sœur. On l'a vu, Henri La Fontaine arrive au féminisme par diverses voies : la libre pensée, le pacifisme, la justice, l'éducation pour tous et toutes, l'accès des femmes à la profession d'avocat, sans oublier l'influence maternelle et la franc-maçonnerie. Henri La Fontaine restera tout au long de sa vie cet allié tant recherché. Mais bien au-delà de son nom, bien au-delà de ses liens familiaux et du rôle fondamental de sa sœur, il croit profondément à l'égalité entre hommes et femmes.

Aujourd'hui, ses idées peuvent paraître dépassées mais c'est oublier qu'Henri La Fontaine est avant tout l'homme de son temps. Il ne déroge pas à certains poncifs et à une sorte de féminisme différentialiste. Son combat le plus cher, lié au féminisme, il le mènera dans un lieu discret, au sein de sa loge *Les Amis philanthropes*. Car s'il se prononce en faveur de l'égalité des sexes dans la vie publique, il ne peut que faire de même au sein de la franc-maçonnerie. Conséquent avec ses idées, en homme libre, il prônera l'admission des femmes en loge. Quelques-uns de ses frères des *Amis philanthropes*, dont il a été le Vénérable Maître, lui en tiendront quelquefois rigueur. Comme le souligne Marinette Bruwier, Henri La Fontaine fait partie « de la fraction féministe des Amis philanthropes[28] ». Il joue ainsi un rôle important dans la création, en Belgique, du *Droit humain*, obédience mixte internationale[29]. Il n'est donc pas étonnant qu'en 1929, il crée avec d'autres frères et sœurs la loge n° 909, *La Paix*, affiliée au *Droit humain*. L'appellation de la loge n'est pas anodine. Il réussit là, vers la fin de sa vie, à réunir pacifisme et féminisme au sein d'une obédience mixte et internationaliste. Le programme de toute sa vie.

Brochure sur *La situation économique de la femme* publiée par la Fédération belge du *Droit humain* en 1933

[26] Mundaneum, Papiers personnels d'Henri La Fontaine, boîte 29, dossier 1 : lettre à Adrienne Avril de Sainte-Croix du 1er août 1925.
[27] Mundaneum, Papiers personnels d'Henri La Fontaine, boîte 299, dossier 2.
[28] Marinette BRUWIER, op. cit., p. 125.
[29] Voir également Florence DE RADIGUES, *L'Entrée des femmes dans la franc-maçonnerie. Contribution à l'étude du Droit humain en Belgique (1890-1940)*, mémoire inédit en histoire, ULB, 2009.

Lettre d'Henri La Fontaine à Henri Golay (Bureau international de la paix), 30 janvier 1936*

« [...] Il faut inviter les États à prendre à cet égard des mesures allant jusqu'à punir de peines sévères tous ceux qui, de quelque manière que ce soit, se permettent de ravitailler un État agresseur en armes, en crédits, en matières premières propres à alimenter la guerre poursuivie par celui-ci. Le principe qu'il faut proclamer c'est que la guerre est un crime, en toute hypothèse, un crime à la fois le plus odieux et le plus impardonnable, crime accompli sur ordre et par la contrainte par des êtres humains qui ne sont pas des criminels dans le sens normal du mot, mais dont la soumission à ceux qui les entraînent à commettre des meurtres collectifs, des bombardements d'une lâcheté révoltante, à s'attaquer à des femmes, des enfants, des vieillards, des malades sans défense, à les torturer par l'emploi de gaz délétères, à les faire périr dans leurs demeures incendiées, nous semble devoir être assimilée à un crime puisqu'elle constitue un consentement à poser des actes que tous les codes condamnent, interdisent et punissent. C'est cette conception de la criminalité indiscutable de la guerre qu'il faut faire pénétrer dans tous les esprits et les amener à participer à la révolte libératrice des atrocités ancestrales. Sans une telle révolte j'estime qu'il n'y a rien à espérer de la veule humanité dont, hélas, nous faisons partie, que l'on peut prendre en pitié, mais pour laquelle je sens qu'en moi ce sont le dégoût et le mépris qui s'acheminent à prévaloir.

Pourtant nous ne pouvons nous soustraire au devoir que notre conscience nous dicte. Quelque sourds et stupides que soient nos concitoyens mondiaux, nous devons leur révéler la puissance formidable dont ils disposent, le pouvoir qu'ils ont de tarir l'envoi à la fois des matières destinées à préparer et à poursuivre la guerre et l'ouverture des crédits pour en acquitter les coûts. Il n'est pas indispensable que les gouvernements les y convient. À tous les degrés des populations du globe, depuis les plus riches jusqu'aux plus pauvres, il est possible de participer à l'isolement des peuples livrés à leurs instincts homicides. Cette attitude, déjà adoptée dans certains pays par des groupes importants, devrait se généraliser. C'est aux groupements pacifistes à préconiser une telle politique et à l'opposer aux résolutions anodines et inefficaces dont le Conseil et l'Assemblée de la S.d.N. se sont fait une triste spécialité. »

* Mundaneum, Papiers personnels d'Henri La Fontaine, boîte 42, dossier 3

Henri La Fontaine supportait beaucoup d'œuvres caritatives, dont la Croix-Rouge de Belgique, qui lui décerne le titre de membre effectif à vie en 1931

« Au premier stade il importe de savoir ce qui a été publié et de pouvoir dire où tel ou tel écrit peut se trouver. Au stade documentaire correspond le collectionnement des écrits eux-mêmes, soit par l'intermédiaire d'une bibliothèque centrale gouvernementale ou par celle d'une bibliothèque collective des sociétés savantes, soit par la constitution de dossiers. Le stade encyclopédique a enfin pour objet d'extraire de la masse des documents les éléments utiles et essentiels en éliminant les répétitions et les redites : c'est la formation des paragraphes et des chapitres du grand livre unique et universel. »

Lettre d'Henri La Fontaine à Charles Lefébure, 22 octobre 1909 (Mundaneum, Papiers personnels d'Henri La Fontaine, boîte 141, dossier 3)

Henri La Fontaine et la bibliographie. Au service de la coopération intellectuelle

Bruno Liesen (Université libre de Bruxelles)

Dans le domaine de la bibliographie et de la documentation, l'œuvre d'Henri La Fontaine est indissociable de celle de Paul Otlet (1868-1944), son « alter ego bibliographique », comme il le nomme dans une lettre en 1904. Tous deux sont docteurs en droit de l'Université libre de Bruxelles et partagent les mêmes idéaux pacifistes et internationalistes. Leur passion commune pour la bibliographie est née, ou en tout cas s'est nourrie au contact d'Edmond Picard (1836-1924), ténor du barreau bruxellois, sénateur socialiste et incontournable animateur de la vie culturelle et intellectuelle de son temps. Écrivain et cofondateur de la revue d'avant-garde *L'Art moderne*, Picard est aussi à l'origine de travaux encyclopédiques et bibliographiques de grande ampleur : les *Pandectes belges*, encyclopédie du droit, et la *Bibliographie générale et raisonnée du droit belge*, commencée en 1882 avec la collaboration de l'éditeur bruxellois Ferdinand Larcier. La Fontaine, secrétaire de Picard, et plus tard Otlet, comme stagiaire, ont tous deux collaboré aux *Pandectes*. Leur conception commune de la bibliographie comme outil intellectuel a probablement été influencée par les idées positivistes d'Edmond Picard, qui voit dans la bibliographie non seulement un outil de gestion documentaire, mais aussi une base factuelle donnant un fondement plus solide à la science juridique[1]. Ses anciens collaborateurs développeront cette conception encyclopédiste en l'étendant à l'ensemble des savoirs.

Henri La Fontaine en compagnie de Frits Donker Duyvis (1894-1961 – Fédération internationale de documentation) et de Charles Sustrac (1874-1951 – conservateur de la Bibliothèque Sainte-Geneviève à Paris, fondateur de l'Association des bibliothécaires français, secrétaire du bureau français de l'IIB), photographie prise à Bruxelles en 1934

Sans surprise, les premiers essais bibliographiques de La Fontaine sont liés à deux de ses matières de prédilection : *Projet de bibliographie universelle des ascensions alpines* en 1889 et *Essai de bibliographie de la paix* en 1891. Il est en outre vice-président du service bibliographique de la Société des études sociales et politiques, fondée à Bruxelles en 1890. Dès 1891, Otlet est en contact avec cette société et échange une correspondance avec La Fontaine en tant que responsable du service bibliographique. Ce sont les premiers pas d'une longue et étroite collaboration. Ils participent ensemble à l'édition du *Sommaire périodique des revues de droit* et ce travail commun les conduit à échafauder des projets

---

[1] Cf. Edmond PICARD, *La Bibliographie juridique : introduction au neuvième tome des Pandectes belges*, Bruxelles, F. Larcier, 1883.

Première Conférence internationale de bibliographie, Bruxelles, septembre 1895

plus ambitieux encore. En effet, dans une lettre adressée à La Fontaine le 15 mai 1892[2], Otlet évoque « une œuvre plus grande dont vous m'avez vous-même esquissé le plan trop grandement peut-être pour en permettre l'immédiate réalisation. [...] Nous devrions publier une bibliographie de revues d'économie politique et sociale, et en faire, avec notre Sommaire, le commencement d'un Institut bibliographique qui pourrait s'adjoindre plus tard d'autres spécialités ». Il expose ensuite un système d'échanges qui « permettrait de constituer une bibliothèque unique en son genre, comprenant des revues et même des livres » et la centralisation des bibliographies produites par les congrès et réunions scientifiques importantes, qui serait confiée à l'Institut bibliographique, « qui donnerait ainsi une certaine unité de forme aux travaux. [...] Après quelque temps un tel institut serait connu du monde entier et deviendrait le point de départ d'autres travaux internationaux importants, notamment ceux de statistique, de bibliographie de livres etc. ». C'est, semble-t-il, la première mention connue de ce qui deviendra l'Institut international de bibliographie.

En 1895, les deux amis convoquent la première Conférence internationale de bibliographie à Bruxelles, dont les travaux aboutissent à la création de l'Institut international de bibliographie (IIB) et de l'Office international de bibliographie (OIB). Officiellement reconnu par arrêté royal du 17 septembre 1895 et subventionné par l'État belge, l'OIB est chargé principalement de constituer et de publier un Répertoire bibliographique universel, couvrant toute la documentation dans toutes les disciplines. Otlet et La Fontaine proposent à la Conférence d'adopter le système de classification décimale élaboré en 1876 par le bibliothécaire américain Melvil Dewey, en l'adaptant sous le nom de Classification décimale universelle (CDU). L'IIB, s'appuyant sur un réseau de collaborateurs internationaux, a pour mission d'étudier les aspects méthodologiques, d'éditer et de développer la CDU. L'Office et l'Institut sont deux organismes bien distincts sur le plan juridique. L'Institut est un organisme scientifique indépendant, à vocation internationale, tandis que l'Office est un organisme national officiel créé par arrêté royal. Cependant, Otlet et La Fontaine entretiendront sciemment une confusion entre les deux institutions, dont les visées ambitieuses, pour ne pas dire utopistes, se heurteront très vite aux contraintes budgétaires.

L'Institut international de bibliographie et la Classification décimale universelle

La Fontaine est désigné comme trésorier de l'Institut international de bibliographie. La coopération internationale s'articule autour des membres de l'IIB : associations scientifiques et grandes bibliothèques qui décident d'appliquer les méthodes bibliographiques préconisées par Bruxelles. Par ailleurs, des bureaux et offices bibliographiques établis dans les grandes villes participent activement au Répertoire bibliographique universel et à l'élaboration de la Classification décimale universelle. L'objectif principal de cette coopération est d'optimiser les méthodes pour centraliser l'information bibliographique et uniformiser les modes de saisie et de stockage des données. Le Congrès international de bibliographie de 1911 adopte les règles de catalogage anglo-américaines. La philosophie de base de l'Institut est ainsi résumée par ses fondateurs en 1931 : « I. La Classification décimale est à la base de la classification en général. 2. La Classification est à la base de la bibliographie. 3. La Bibliographie est à la base de toute documentation. 4. La Documentation est à la base de l'efficacité du travail intellectuel. 5. L'efficacité du Travail intellectuel est à la base de l'organisation d'un monde civilisé. Il [l'Institut] est donc un des éléments d'un plan universel et mondial visant à lutter contre le désordre universel et l'anarchie.» De 1894 à 1911, l'Institut édite diverses publications, notamment un *Bulletin*, une collection de *Publications* et les *Manuels de la CDU*.

Très vite, La Fontaine et Otlet soutiennent l'idée que le livre n'est pas le seul support de l'information. Ils défendent le concept de « documentation », dans un sens qui est très novateur pour l'époque, englobant textes, images, objets, tableaux, diagrammes, schémas. Dès lors, ils organisent au sein de l'Institut international de bibliographie des sections spécialisées en fonction du type de support : Répertoire universel de documentation, Institut international de photographie, Répertoire iconographique universel, Musée international de la presse.

Mundaneum, Papiers personnels d'Henri La Fontaine, boîte 212, dossier 9.

Cité dans Nicole HAESENNE, « Un bibliographe passionné », in : *Henri La Fontaine. Tracé(s) d'une vie. Un Prix Nobel de la paix, 1854-1943*, Mons, Mundaneum, 2002, p. 89-103 (en particulier p. 94).

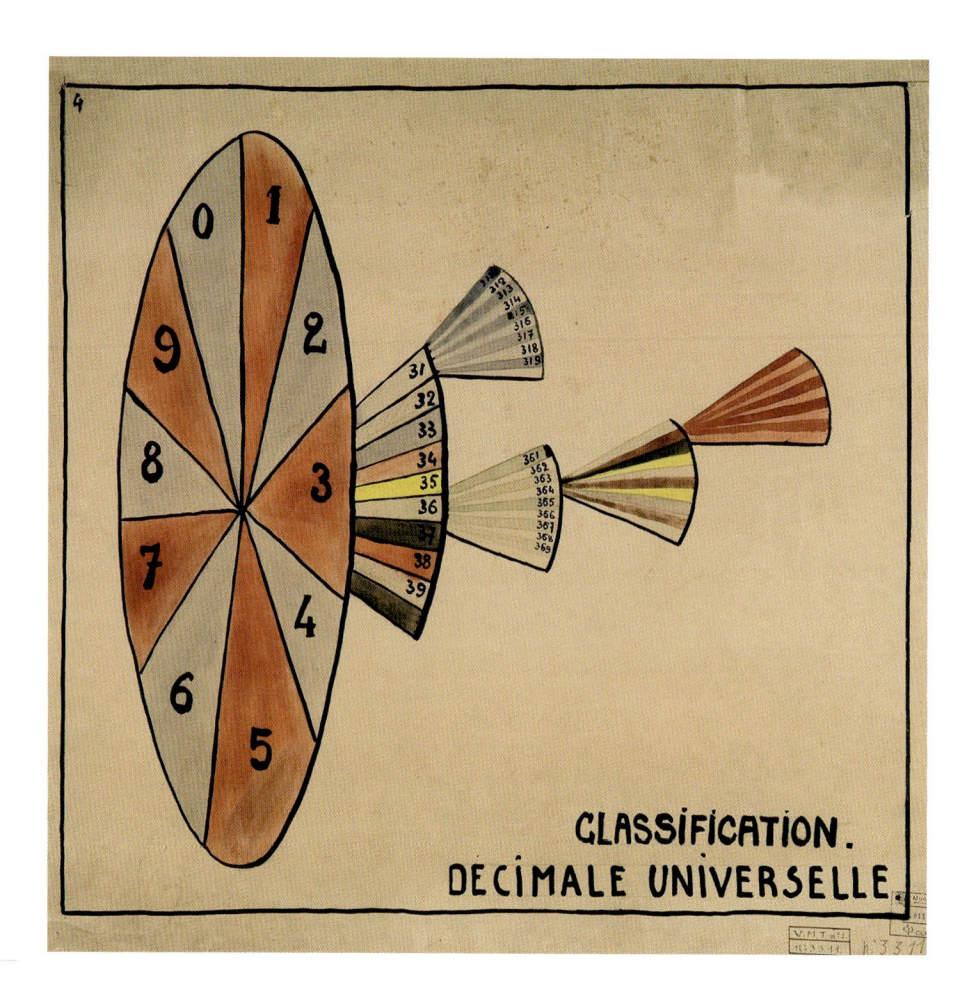

La Classification décimale universelle schématisée, sans date (Collection Encyclopedia Universalis Mundaneum – photographie Alain Breyer)

Page du dossier Répertoire universel de documentation consacré à Henri La Fontaine (sur laquelle figure une illustration de F. Spaelant publiée dans le *Journal des étudiants* en 1895)

Développé dans un cadre universitaire, le système de classification mis au point par Dewey, qui divise le savoir en dix classes, ne suffit pas pour décrire dans toute sa diversité et sa complexité l'ensemble des connaissances humaines. En introduisant des éléments de syntaxe, Otlet et La Fontaine élèvent le système au niveau d'un véritable langage documentaire numérique, transcendant les barrières linguistiques et permettant de composer des millions de nombres classificateurs. La première édition complète de la Classification décimale universelle paraît en 1904. C'est une œuvre collective, mais Otlet et La Fontaine en sont incontestablement les fers de lance. Dès la fin de 1895, La Fontaine travaille à l'adaptation française de la *Decimal classification*. Il recherche en outre des collaborateurs spécialisés dans le domaine des sciences, des techniques et de la médecine. Il se charge seul de la classe 0, celle des ouvrages généraux, qui traitent notamment de la bibliologie, et contribue à améliorer la rubrique Sociologie. Dans les premières années du XXe siècle, il joue le rôle d'ambassadeur de la CDU, en tentant de persuader Dewey du bien-fondé des perfectionnements introduits et en s'efforçant de gagner les sceptiques aux

DOCUMENT N°	Répertoire Universel de Documentation			PLACEMENT	
SÉRIE N° 4					
INSTITUT INTERNATIONAL DE BIBLIOGRAPHIE	AUTEUR :		92 L		MATIÈRE
	TITRE :				CLASSEMENT
					LIEU
	SOURCE : Journal des Etudiants.				TEMPS PERSONNE
Qui scit ubi scientia Habenti est proximus.			La Fontaine		
I. I. B., Formule n° 2061	(N° DE LA SOURCE)	1895. 03. 01. (DATE)	(N° DE PUBLICATION)		

F. Spaglant

Les collaborateurs
de Henri LaFontaine
à la
Classification
Décimale Universelle

vertus de la CDU. Très impliqué en dépit de ses nombreuses fonctions et responsabilités, La Fontaine entreprend encore, en 1927, de préparer l'index alphabétique de la deuxième édition complète en langue française. Afin de répondre aux difficultés rencontrées par les bibliothécaires face à des divisions trop complexes, il propose d'éditer deux versions de la CDU, l'une pour les bibliographes et une autre, simplifiée, pour les bibliothécaires. Cette idée trouvera plus tard sa réalisation dans les éditions complètes, moyennes et abrégées.

L'Office international de bibliographie et le Répertoire bibliographique universel

La mission initiale de l'Office international de bibliographie est de développer le Répertoire bibliographique universel (RBU). Conçu comme une immense base de données bibliographiques, le RBU est destiné à rassembler les notices de tous les ouvrages publiés dans le monde depuis l'invention de l'imprimerie, dans tous les domaines. Il est divisé en deux séries, l'une classée systématiquement par matière selon la CDU, l'autre dans l'ordre alphabétique des noms d'auteurs. Il doit être accessible partout à moindre coût, autoriser des corrections aisées, des mises à jour et des accroissements rapides. Il doit en outre permettre de localiser des exemplaires de publications dans le monde entier et contribuer à la protection légale des œuvres intellectuelles. Le fichier de départ du RBU est constitué par les 400 000 fiches, classées selon la CDU, élaborées depuis six ans par Paul Otlet, Henri La Fontaine et la sœur de celui-ci, Léonie. Le RBU s'enrichit très rapidement : 1,5 million d'entrées en 1897, 3 millions en 1899, 11 millions en 1914 et près de 16 millions en 1930[4]. L'Office international de bibliographie sera par la suite chargé de développer d'autres types de bases de données, notamment le Répertoire iconographique universel créé en 1906, qui va rassembler des images sur divers supports : photographies, cartes postales, négatifs, plaques de verre, diapositives pour lanternes magiques.

Le RBU intègre les notices de la Bibliothèque des sociétés savantes, fondée en 1907 par Otlet à partir du rassemblement des fonds spécialisés de soixante organismes et institutions. D'autres fonds sont encore ajoutés : dossiers documentaires des Archives encyclopédiques internationales, encore appelées Encyclopédie universelle, et un Répertoire général de renseignements, notamment sur les brevets. En 1934, le RBU compte environ 18 millions de fiches « et peut être considéré comme une des plus importantes bibliographies générales rétrospectives au monde[5] ». Particulièrement sensible à tout ce qui concerne la démocratisation du savoir, Henri La Fontaine souligne le caractère

Signature des collaborateurs d'Henri La Fontaine à la Classification décimale universelle, sans date

---

[4] Chiffres fournis par Warden Boyd RAYWARD, « Paul Otlet, encyclopédiste, internationaliste, belge », in: *Paul Otlet, fondateur du Mundaneum (1868-1944) : architecte du savoir, artisan de paix*, Bruxelles, Les Impressions nouvelles, 2010, p. 15-50 (en particulier p. 26).
[5] Nicole HAESENNE, *op. cit.*, p. 95.

progressiste du Répertoire bibliographique universel dans une lettre adressée à Georges Renard (Université de Lausanne), le 18 juin 1896 : « […] Bien qu'en apparence [le RBU] soit une œuvre de science pure et que nous fassions appel à l'aide de tous les savants, quelles que soient leurs opinions, il est pourtant certain que le but que nous poursuivons a un caractère socialiste, plus encore que social. Le Répertoire bibliographique universel constituera en effet un outil d'une rare souplesse qui permettra aux personnes les moins renseignées sur les questions scientifiques de se retrouver avec aisance et rapidité parmi les documents innombrables qui ont été publiés jusqu'à ce jour[6]. »

L'Office est soutenu inconditionnellement par Émile Vandervelde, patron du Parti ouvrier belge et vieil ami de La Fontaine, qui obtient aussi l'appui financier d'Ernest Solvay. La Fontaine ne manque pas non plus d'intéresser le roi Albert Ier, avec qui il entretient une amitié solide, forgée par leur passion commune pour l'alpinisme. Par contre, l'initiative suscite l'hostilité de l'Académie et de la Bibliothèque royale. La Fontaine est bien

Le Répertoire bibliographique universel, vers 1900

conscient que sa qualité d'homme politique socialiste ne lui attire pas que des sympathies et il est d'ailleurs écarté, dans un premier temps, des instances dirigeantes de l'Office et relégué au rang de bibliothécaire. Cependant, quelques années plus tard, on le retrouve à la direction aux côtés d'Otlet, secrétaire général de l'Office. Alors qu'Otlet est la cheville ouvrière de l'Office, La Fontaine est chargé des relations avec les autorités belges et les partenaires étrangers. Il dirige aussi la bibliothèque et supervise la *Bibliographie de Belgique* et la préparation de la *Bibliographia Bibliographica*, répertoire annuel des travaux de bibliographie, sur la base de la CDU, qui paraît de 1898 à 1907. Par ailleurs, La Fontaine publie en 1904 une *Bibliographie de la paix et de l'arbitrage international* et, en collaboration avec Louis Masure, une *Bibliographia Economica Universalis* paraissant chaque mois dans la *Revue économique internationale*.

Jouant sur sa notoriété d'homme public, Henri La Fontaine est également très impliqué dans la recherche de fonds. Bien que l'Office international de bibliographie soit subsidié par l'État belge à hauteur de 10 000 francs belges la première année et 15 000 francs belges par la suite, il est très vite confronté à des soucis financiers, qui iront en s'accentuant. Otlet et La Fontaine travaillent bénévolement à l'Office mais leurs collaborateurs doivent être rémunérés. Sans compter les incessants développements que Paul Otlet apporte à leur œuvre commune et qui nécessitent de nouveaux moyens. Tout en cherchant à augmenter les ressources extérieures, La Fontaine puise dans sa propre cassette pour parer au plus pressé. En 1913, il ira jusqu'à verser 100 000 francs provenant de son prix Nobel pour satisfaire les principaux créanciers et rembourser les emprunts. Après le coup d'arrêt imposé par la Première Guerre mondiale, les priorités économiques liées à la reconstruction du pays ne favorisent guère la situation financière de l'Office, qui trouve à peine de quoi survivre. Cela ne freine pas pour autant les ardeurs de ses animateurs, qui voient à présent dans la Société des Nations une tribune pour faire avancer de grands projets aux dimensions universalistes, comme celui d'une Union internationale pour la bibliographie et la documentation, sous l'égide de la Société des Nations, financée par cette dernière et par les États membres.

L'Union des associations internationales, le Mundaneum et la coopération intellectuelle

En 1907, La Fontaine et Otlet rêvent de faire de Bruxelles un centre international, voire une capitale mondiale. Ils fondent l'Office central des associations internationales dans le but de coordonner l'action des organisations non gouvernementales en faveur de la paix. Cette nouvelle initiative rejoint les objectifs de l'Office et de l'Institut international de bibliographie puisqu'il s'agit de « créer la coopération entre les institutions, notamment pour l'information, la documentation et l'extension des relations : contribuer ainsi à l'organisation de l'internationalisme pacifique[7] ». En 1909 paraît un premier *Annuaire de la vie internationale*, donnant des informations détaillées sur près de 300 organisations. À l'occasion de l'Exposition universelle de Bruxelles

---

Mundaneum, Papiers personnels d'Henri La Fontaine, boîte 64, dossier 4.

« Rapport sur les travaux de l'année 1907 », in : *Bulletin de l'Office central des institutions internationales*, n° 1, mars 1908, p. 12 (cité par W.B. RAYWARD, « Paul Otlet, encyclopédiste... », *op. cit.*, p. 32).

Union des associations
internationales, « Per orbem
terrarum, humanitas unita »
(Encyclopedia Universalis
Mundaneum), sans date

en 1910, l'Office central des associations internationales organise un important congrès mondial et se transforme en Union des associations internationales (UAI), dirigée par un trio de secrétaires généraux : Henri La Fontaine, Paul Otlet et Cyrille Van Overbergh[8]. Les organisateurs du congrès émettent aussi le vœu de créer un musée international dédié aux progrès de la technique, de l'enseignement, de l'économie et du social. Dans la foulée, Otlet suggère de réunir en un seul lieu tous les organismes qu'il a contribué à créer. Un des palais de l'Exposition universelle, construit au Solbosch, est désigné pour accueillir le Musée international, mais un violent incendie dévaste le site. Le Musée est alors installé dans l'aile gauche du palais du Cinquantenaire, mise à sa disposition par l'État belge. En 1920, les diverses réalisations d'Otlet et La Fontaine – Office et Institut international de bibliographie avec le Répertoire bibliographique universel, Union des associations internationales, Bibliothèque internationale, Encyclopédie documentaire – rejoignent les collections du Musée international et deviennent le Palais mondial, rebaptisé plus tard Mundaneum. Otlet et La Fontaine proposent même de choisir Bruxelles comme siège mondial de la Société des Nations, dont le siège de Genève n'est pas encore définitivement fixé.

Une des tâches essentielles dévolues aux organisations membres de l'Union des associations internationales est de dresser la bibliographie de leur domaine d'activité. Les travaux de l'UAI sont d'ailleurs étroitement liés à ceux de l'Institut international de bibliographie. Henri La Fontaine est rédacteur en chef de la revue *La Vie internationale*, organe de l'UAI. L'Union des associations internationales, qui reçoit en 1919 la reconnaissance officielle de l'État belge, soutient activement la jeune Société des Nations (SDN), en particulier dans le domaine de la coopération intellectuelle. Cet aspect de l'action de la SDN, qui complète son action pacifiste, a été longtemps occulté, suite à la déconfiture subie par cette organisation dans les années 1930. Pourtant, les institutions culturelles mises en place dans l'entre-deux-guerres sont directement à l'origine de l'actuelle Organisation des Nations unies pour l'éducation, la science et la culture (UNESCO), fondée après la Seconde Guerre mondiale.

Henri La Fontaine est en première ligne pour défendre les propositions de l'UAI puisqu'il est membre de la délégation belge à la Conférence de la paix à Paris en 1919, qui aboutira notamment au traité de Versailles, puis délégué à la première Assemblée de la Société des Nations à Genève, réunie à la fin de 1920. Dès février 1919, l'Union des associations internationales propose à la Conférence de la paix un projet de charte internationale des intérêts intellectuels, afin de coordonner ceux-ci et de fixer des objectifs communs. La Conférence, obnubilée par les questions politiques, économiques et financières, ne retient pas la coopération intellectuelle dans les dispositions du pacte de la Société des Nations. L'UAI continue cependant d'exercer un véritable lobbying auprès de la SDN pour

---

[8] Cyrille Van Overbergh (1866-1959), docteur en droit, avocat, homme politique, sénateur, est une figure importante du mouvement ouvrier chrétien. En 1911, il est nommé secrétaire général du ministère des Sciences et des Arts.

qu'elle accepte d'intervenir dans le domaine des sciences et de l'éducation. En 1920, le Conseil de la SDN accorde à l'UAI son appui à deux projets : l'Université internationale, destinée à former les étudiants aux aspects internationaux de toutes les grandes questions, et le Centre international regroupant toutes les institutions fondées par Otlet et La Fontaine. Le congrès de l'UAI de septembre 1920, réuni à Bruxelles, propose alors à la SDN de convoquer une conférence internationale pour élaborer les statuts d'une organisation internationale pour le travail intellectuel. À l'Assemblée générale de la SDN de décembre 1920, La Fontaine présente un rapport sur « l'organisation du travail intellectuel », qui expose l'action de l'UAI et propose de créer un « organisme technique consacré à l'intellectualité mondiale », qui favoriserait l'entente et la coopération des savants du monde entier et le partage des connaissances. L'Assemblée adopte une résolution « approuvant l'aide accordée par le Conseil aux œuvres qui ont pour objet le développement de la coopération internationale dans le domaine intellectuel, et notamment l'appui moral et matériel donné à [l'UAI][9] ». C'est le premier pas vers la création d'un organisme international du travail intellectuel.

Deux conceptions sont possibles : soit transformer l'UAI en un organe technique rattaché à la SDN, soit créer un organisme entièrement nouveau. Dans un premier temps, la première option est privilégiée et, en août 1921, l'UAI organise à Bruxelles un Congrès international du travail intellectuel auquel La Fontaine demande de faire représenter la SDN. Finalement, l'Assemblée générale de la SDN décide en 1921 de créer une Commission internationale de coopération intellectuelle (CICI). Le Secrétariat de la SDN reste toutefois réticent devant l'extension du rôle de la SDN, voulant à tout prix éviter qu'elle ne s'érige en « super-État ». Par ailleurs, la Grande-Bretagne et les Dominions sont clairement opposés à l'intervention de la SDN dans le domaine intellectuel, craignant une inflation des dépenses en des temps difficiles sur le plan économique, et soucieux de limiter l'influence culturelle de la France. Les responsables français, d'abord réservés sur une telle extension du champ d'activité de la SDN, vont en effet très vite comprendre l'intérêt pour la France de prendre le contrôle de la CICI pour en faire un instrument de sa diplomatie. Présidée par le philosophe français Henri Bergson (1859-1941), la CICI compte douze membres choisis pour leurs compétences et leur rayonnement intellectuel, parmi lesquels on relève les noms de Marie Curie, Albert Einstein, Béla Bartók, Thomas Mann ou encore Paul Valéry. Jules Destrée (1863-1936), grande figure du socialisme belge, qui a été ministre des Sciences et des Arts de 1919 à 1921, est aussi du nombre. Il constitue évidemment un allié précieux pour Henri La Fontaine. Mais le point de vue français est en position de force, avec Bergson et Marie Curie, sans compter l'appui de l'écrivain et historien suisse Gonzague de Reynold, qui critique Otlet et La Fontaine dans un article qualifié de « venimeux » par ce dernier[10].

La Fontaine n'est pas dupe des manœuvres françaises et s'en ouvre à Destrée dans une lettre de janvier 1923 où il ne cache pas son amertume : « Je viens d'apprendre un fait au sujet de la Commission de coopération intellectuelle qui dépasse vraiment la permission et qui démontre que c'est vraiment la substitution d'une œuvre française à la nôtre que l'on poursuit subrepticement. M. Bergson a été flanqué à Genève d'un M. Luchaire qui est avec M. Garnier l'auteur d'un projet [...] qui n'est dans ses parties essentielles que le démarquage de ce que nous avons tenté de réaliser, malgré tous les obstacles mis sur notre route [...]. Je pense qu'il importe que tu nous aides à déjouer ces intrigues [...]. Il faudrait que lors de l'installation de la Commission ici en mars, un représentant du Gouvernement dise ce qui a été fait en Belgique et revendique pour notre pays le droit de conserver l'œuvre de coopération intellectuelle qu'il s'agit seulement de consolider et de développer et non de créer de toutes pièces[11]. »

Malgré son statut purement consultatif et provisoire, la CICI parvient à relancer la coopération intellectuelle dans les domaines de la bibliographie, des relations interuniversitaires et de la propriété intellectuelle. Toutefois, ses crédits limités et les réticences des pays anglo-saxons freinent son développement. C'est pourquoi la France propose en 1924 de créer et d'entretenir à ses frais un Institut international de coopération intellectuelle (IICI), qui serait établi à Paris.

La nouvelle initiative française sonne évidemment le glas pour les espoirs de La Fontaine et Otlet de voir Bruxelles devenir le centre de la coopération intellectuelle internationale. Le projet français, élaboré par Julien Luchaire (1876-1962), expert à la CICI et proche de Bergson, s'inspire largement de la proposition formulée par Destrée en juillet 1922 de fonder un Centre intellectuel international à Bruxelles, « du fait que dans cette ville existent déjà des organismes internationaux dont on pourrait demander la collaboration[12] », référence manifeste à l'UAI et aux institutions rassemblées au Palais mondial. En 1924 pourtant, contre toute attente et malgré les réactions courroucées des milieux intellectuels belges proches d'Otlet et La Fontaine, Destrée soutient la proposition française, estimant qu'un tel projet a plus de chances d'aboutir s'il est porté par une grande puissance. Après avoir obtenu des assurances sur la survie des institutions internationales déjà en place à Bruxelles, la Belgique finira par lever toute opposition à l'offre de la France. L'Institut international de coopération intellectuelle, placé sous la direction de Luchaire, voit le jour en 1926. C'est donc finalement l'IICI et non l'UAI qui devient le fondement de l'Organisation de coopération intellectuelle (OCI), reconnue en 1930 comme agence technique de la SDN et regroupant diverses institutions créées autour de la CICI. L'Institut international de coopération intellectuelle, fermé sous l'Occupation, rouvrira ses portes en 1945 et disparaîtra en 1946 pour laisser place à l'UNESCO.

Cité par Jean-Jacques RENOLIET, *L'Unesco oubliée : la Société des Nations et la coopération intellectuelle, 1919-1946*, Paris, Publications de la Sorbonne, 1999, p. 15.

Gonzague de REYNOLD, « La reconstruction intellectuelle, les catholiques et la Société des Nations », in : *La Revue générale*, 15 juin 1922, p. 617-633 – Lettre d'Henri La Fontaine à Jules Destrée, 27 janvier 1923 (Mundaneum, Papiers personnels d'Henri La Fontaine, boîte 201, dossier 6).

Lettre d'Henri La Fontaine à Jules Destrée, 27 janvier 1923, (*ibid.*).

Cité par Jean Jacques RENOLIET, *op. cit.*, p. 48.

La Fontaine et Otlet n'obtiendront jamais de la SDN la reconnaissance qu'ils attendaient. Entre-temps, le Palais mondial-Mundaneum a des difficultés avec l'État belge, propriétaire des locaux du Cinquantenaire. Otlet songe à transférer son œuvre à l'étranger mais, en 1934, il doit fermer définitivement les portes d'une institution pourtant en pleine activité. Otlet continue d'organiser le travail, notamment bibliographique, dans d'autres lieux. Il publie encore deux traités fondamentaux et novateurs pour ce qui deviendra la

Paul Otlet (au centre) et Henri La Fontaine (à droite) devant l'entrée du Palais mondial au Palais du Cinquantenaire, sans date

science de l'information : *Traité de documentation : le livre sur le livre* (1934) *et Monde. Essai d'universalisme : connaissance du monde, sentiments du monde, action organisée et plan du monde* (1935). Ces développements sur la mise en réseau de l'information, qui pourrait être rendue accessible, sous forme d'images, de sons, de microfilms, sur des écrans reliés par téléphone, recourant à des technologies dont certaines n'en sont qu'à leurs balbutiements, font de Paul Otlet un visionnaire et un précurseur d'Internet. Mais pour l'heure, les réalisations d'Otlet et La Fontaine se heurtent à de cruelles réalités. En 1941, les Allemands réquisitionnent le Palais du Cinquantenaire et ce qui reste des collections est déménagé dans un bâtiment du parc Léopold. C'est pour le Mundaneum le début d'une longue transhumance qui ne s'achèvera qu'en 1993, lorsqu'il est déménagé à Mons où il reprendra vie comme centre d'archives et musée.

Jusqu'à la fin des années 1930, Henri La Fontaine continue d'œuvrer dans le domaine de la documentation. En 1931, alors qu'il est âgé de soixante-dix-sept ans, il participe activement à la Xe Conférence internationale de bibliographie. Cette année-là, l'Institut change de dénomination et devient l'Institut international de documentation (IID). Le nouvel organe se sépare de l'Office international de bibliographie, au grand regret de ses fondateurs, qui estiment que « la coopération d'esprit et de cœur fait place à une coopération d'intérêt ». La Fontaine reste encore secrétaire général de l'IID jusqu'en 1937, date à laquelle il participe au Congrès mondial de la documentation universelle tenu à Paris. La même année, l'IID se mue en Fédération internationale de documentation (FID). En 1939, La Fontaine est nommé vice-président honoraire de la FID. Celle-ci deviendra

Henri La Fontaine et Paul Otlet (au centre) à la Xe Conférence internationale de bibliographie, La Haye, 1931

Réunion de travail de l'Institut international de documentation, Bruxelles, 1934

en 1986 la Fédération internationale de l'information et de la documentation, qui sera finalement dissoute en 2002. Entre-temps, l'Office international de bibliographie a été abrogé officiellement en 1980.

Quant à l'Union des associations internationales, elle poursuit ses activités documentaires et bibliographiques. Dans les années 1930, elle prend en charge la plupart des activités documentaires de l'UAI, tout en rendant hommage à l'œuvre accomplie par celle-ci dans le domaine de la documentation et de la coopération intellectuelle. Pendant la Seconde Guerre mondiale, le siège de l'organisation est occupé par les autorités allemandes et les archives sont dispersées. Néanmoins, à sa mort en 1943, Henri La Fontaine lègue à l'UAI une partie de sa fortune et de sa bibliothèque. En 1948, l'UAI, établie au Palais d'Egmont, reprend ses activités mais comme institution distincte du Mundaneum, avec de nouveaux statuts. Tout en conservant son nom d'origine, elle cesse d'être une fédération des associations internationales et se recentre sur un rôle d'institut de recherche et de centre de documentation spécialisé dans le domaine des organisations internationales, en vue notamment de faciliter leur activité. En 1952, l'UNESCO accorde à l'UAI un statut consultatif et soutient financièrement son travail bibliographique. Implantée depuis 1982 à la Maison des Associations internationales, à Bruxelles, l'UAI est donc en définitive la seule des créations d'Otlet et La Fontaine à subsister dans la capitale de l'Europe, cette cité dont ils rêvaient de faire un centre mondial au service du progrès et de l'harmonie universelle.

Note manuscrite d'Henri La Fontaine, non datée*

« Le Centre mondial a pour objet d'organiser au point de vue intellectuel un vaste outillage d'enregistrement, d'entreposage, de classement, de concentration et de diffusion de tout ce que la pensée humaine a conçu dans tous les domaines de l'activité. Tous ceux qui coopèrent à cette entreprise, quelque modeste que soit leur part d'intervention, doivent se rendre compte qu'ils participent à une œuvre de la plus grande importance et d'une portée incalculable. Elle est la plus haute expression de l'unité humaine et a pour but essentiel d'éveiller dans l'humanité la conscience de cette unité. […] »

*Mundaneum, Papiers personnels d'Henri La Fontaine, boîte 218, dossier 2

Henri La Fontaine à la IXᵉ Conférence internationale de bibliographie, Zurich, 1930

« J'ose proclamer que les temps de notre seul perfectionnement individuel entre les quatre murs d'un temple sont révolus. C'est au perfectionnement universel des hommes quels qu'ils soient, humbles et puissants et nous compris, qu'il importe de se consacrer désormais. »

Extrait du discours d'Henri La Fontaine au Congrès de la Ligue universelle de francs-maçons de Bruxelles, 13-15 septembre 1935, in: *Le Héraut. Journal officiel de la Ligue universelle de francs-maçons*, n° 1, 1936, Bâle, p. 3-4

Un franc-maçon dans le siècle[1]

Marinette Bruwier (Université de Mons)

C'est en Angleterre, au début du XVIIIe siècle, qu'est née la franc-maçonnerie moderne. On la dit spéculative ou contemplative par opposition à la franc-maçonnerie opérative et pratique qui regroupait les travailleurs de la pierre, lointains héritiers des constructeurs de cathédrales. Tout en étant non professionnelle, elle a adopté des symboles et un rituel qui s'inspirent de la construction. En font partie non des artisans mais des nobles et des bourgeois dont le port de l'épée en loge exprime l'égalité des droits, l'épée étant l'apanage de la noblesse. Outre l'égalité de tous les hommes, leur propos est de respecter un ordre moral qui impose la droiture et la fraternité. Adeptes convaincus des Lumières, ils veulent collaborer au progrès de l'humanité. La majorité d'entre eux restent profondément chrétiens, soit protestants, soit catholiques, soit déistes, leur devoir de tolérance les conduisant à respecter toutes les croyances. L'Ordre maçonnique est une société initiatique, c'est-à-dire que l'admission d'un membre doit passer par son initiation au cours d'une cérémonie rituelle.

Il y eut des loges maçonniques en Belgique dès le XVIIIe, notamment *La Parfaite Union* à Mons et *La Bonne Amitié* à Namur. À Bruxelles, la loge *Les Amis philanthropes* fut créée en 1798 sous le régime français. Après la révolution de 1830, les loges belges formèrent en se groupant le Grand Orient de Belgique. En 1837, une circulaire des évêques imposa l'application des décrets pontificaux datant du siècle précédent qui condamnaient la franc-maçonnerie. Il fut dès lors interdit aux catholiques sous peine d'excommunication de s'affilier à l'Ordre. Les attaques du clergé poussèrent les maçons belges à un anticléricalisme radical voire à l'anticatholicisme, d'autant que le maçon qui se veut libre rejette tout dogme. La désaffection religieuse s'accompagnait parfois d'une grande admiration pour le Christ, le premier socialiste. C'est à ce dernier que La Fontaine s'adresse au lendemain de Pearl Harbor qui désole le vieux pacifiste.

Henri La Fontaine, Vénérable Maître, entouré de sa commission de dignitaire (Loge *Les Amis philanthropes*), vers 1910

[1] Cet article a été publié en 2002 dans : Hervé HASQUIN et alii, *Henri La Fontaine. Tracé(s) d'une vie. Un Prix Nobel de la Paix, 1854-1943*, Mons, Mundaneum, 2002.

Lithographie de la loge *La Parfaite Union* à Mons (1891)

Son parcours maçonnique

Henri La Fontaine est initié à la franc-maçonnerie, à l'âge de vingt-huit ans, le 3 mai 1882 dans la loge *Les Amis philanthropes* à Bruxelles. Est-il été patronné par Auguste Couvreur, membre éminent de cet atelier et grand maître du Grand Orient de Belgique de 1872 à 1874 et de 1878 à 1880 ? Le 8 novembre 1883, il passe du grade d'apprenti à celui de compagnon. Au début du XVIIIe siècle, le grade de compagnon est le seul grade en franc-maçonnerie et il n'y a en loge qu'un maître qui la préside : les apprentis ne sont pas des membres à part entière. C'est après 1730 que les initiations sont réparties en trois grades, l'apprenti, le compagnon et le maître, celui-ci étant revêtu de tous les droits. Le président est dénommé le Vénérable Maître. La Fontaine devient maître le 18 mai 1884. C'est après la guerre seulement qu'il reçoit l'initiation aux grades supérieurs et, de 1919 à 1939, il montera de grade en grade jusqu'au 32e en 1939. Il n'accédera pas au plus haut degré, le 33e, la guerre de 1940 ayant arrêté toute activité maçonnique. Le système à 33 degrés, fondé lors de la création du rite écossais ancien et accepté à Charleston en 1801, est introduit dans la franc-maçonnerie belge en 1817. Donc, à partir de 1919, La Fontaine fait partie à la fois de la loge *Les Amis philanthropes* et du Souverain Chapitre des *Amis philanthropes* de la Vallée de Bruxelles. La Commission des officiers dignitaires, qui gère les travaux de la loge avec le Vénérable Maître, le nomme bibliothécaire puis orateur adjoint de 1891 à 1895. La Fontaine, devenu sénateur en 1895, sera élu Vénérable Maître des *Amis philanthropes* de 1908 à 1911, puis à nouveau de 1922 à 1925. À Londres, en 1914, il est désigné à l'unanimité Vénérable Maître de la loge *Albert I*[er] que viennent de créer les francs-maçons belges réfugiés en Angleterre. Il le restera jusqu'à la fin de la guerre bien qu'il parte pour les États-Unis en 1915.

La création du *Droit humain*

Avec des frères des *Amis philanthropes*, La Fontaine favorise l'introduction en Belgique de l'Ordre maçonnique mixte *Le Droit humain* qui initie des femmes. L'initiation des femmes à la franc-maçonnerie est complètement interdite par les Constitutions d'Anderson de 1732, qui sont généralement considérées comme le règlement fondamental de l'Ordre. Toutefois, dès le XVIIIe siècle, des femmes de la noblesse et de la haute bourgeoisie sont initiées. Elles font partie de loges exclusivement féminines qui ne sont pas indépendantes mais souchées – terme spécifique – sur des loges masculines auxquelles elles n'ont pas

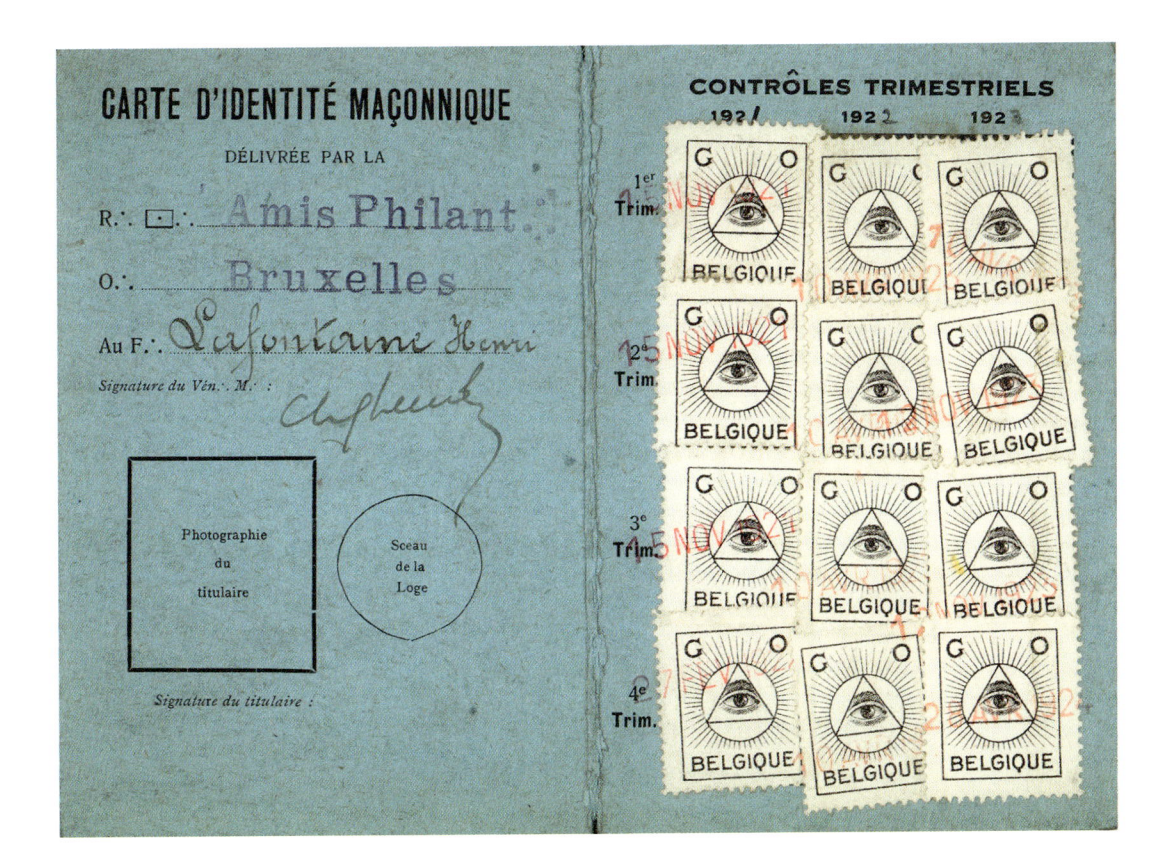

Carte d'identité maçonnique d'Henri La Fontaine, délivrée par *Les Amis philanthropes*, 1921

accès. Au XIXe siècle, ce type de franc-maçonnerie disparaît parallèlement à l'application du Code Napoléon.

Vers 1850, des voix isolées s'élèvent au Grand Orient de France mais aussi en Belgique pour l'initiation des femmes. Maria Deraismes, une grande bourgeoise dont les conférences publiques en faveur de la République rencontrent beaucoup de succès, est initiée à Paris en 1882. En 1893, elle fonde, avec Georges Martin, l'Ordre maçonnique mixte et international *Le Droit humain*, qui entre en contact avec des maçons et des socialistes belges dès 1895.

Au Grand Orient de Belgique, on discute de plus en plus de l'admission des femmes dans la franc-maçonnerie. Les maçons se préoccupent de la position philosophique de leurs enfants. Or, le rôle d'éducatrice des mères est essentiel et ils estiment qu'il faut les former, le problème belge étant l'omniprésence de l'Église catholique et son influence sur les femmes qui, d'après eux, empêche tout progrès dans la société.

Les Amis philanthropes sont à la pointe du mouvement. Le 4 avril 1894 déjà, après avoir accepté la présence d'épouses de maçons à une conférence d'Élisée Reclus[2], la loge écoute Henri La Fontaine qui traite de la condition de la femme dans la société et souhaite que des femmes soient initiées ; après discussion, le Vénérable Maître Léon Furnémont[3] promet d'entretenir le Grand Orient, à savoir la fédération des loges belges, de la proposition de La Fontaine.

Il n'est pas étonnant que devenu Vénérable Maître, celui-ci inscrive en 1911 à l'ordre du jour une conférence de Georges Martin, un des fondateurs du *Droit humain*. Il met en exergue le caractère international de l'Ordre mixte qui compte à l'époque 1 200 membres répartis en Europe, en Amérique, en Asie, en Afrique, et l'initiation de Créoles et de Noirs montre que la barrière des races est franchie. La Fontaine, séduit, conclut en espérant que la maçonnerie deviendra un jour universelle et il ajoute que l'Ordre maçonnique mixte aidera à cette universalité et que, dans le monde entier, « nous pourrons appeler du nom de frères tous les maçons quel que soit leur Ordre ou l'Orient qu'ils habitent ».

Ce sont des membres des *Amis philanthropes*, des proches de La Fontaine, qui sont en 1912 les dignitaires du premier atelier du *Droit humain* en Belgique. Lui-même, bien qu'il n'ait pas assisté à l'inauguration, n'hésite pas à fréquenter des tenues du *Droit humain*. Il ne respecte pas le décret de 1913 du Grand Maître du Grand Orient

Illustration du programme de la séance d'inauguration du Temple de la Fédération belge du *Droit humain* à Bruxelles, 1935

Élisée Reclus, savant géographe français (1830-1905). Franc-maçon, anarchiste, sa désignation comme professeur de l'Université libre de Bruxelles fut refusée par le conseil d'administration en raison de sa réputation politique, ce qui entraîna une agitation estudiantine soutenue par des membres des *Amis philanthropes* et aboutit à la création de l'Université nouvelle.

Léon Furnémont (1861-1927), avocat et homme politique, député socialiste de 1894 à 1913, joua un rôle important dans les mouvements rationalistes.

A∴ L∴ G∴ D∴ L'H∴ A∴ G∴ A∴ D∴ L'U∴

FÉDÉRATION BELGE ★ DU DROIT HUMAIN

CONSÉCRATION DU TEMPLE

de Belgique, Charles Magnette[4], qui exclut explicitement l'obédience mixte de la régularité maçonnique. Lors de la reprise des travaux au Grand Orient après la guerre de 1914, La Fontaine fait une conférence dans les trois loges des *Amis philanthropes* sur « Le rôle de la femme dans la société de demain ». Ce choix révèle à merveille ses sentiments féministes.

Dès 1920 aussi, La Fontaine manifeste le désir d'être affilié au *Droit humain*. Ce sera fait en 1925. Il est membre de la loge n° 890, *Beauté*, dirigée par Jacques Alexander qui était responsable de la musique aux *Amis philanthropes* quand il y occupait la charge de Vénérable Maître.

Après la manifestation internationale pour la paix dans le monde organisée le 1er août 1928 par la Fédération belge du *Droit humain* qui vient d'être installée, La Fontaine crée au sein de celle-ci la loge n° 909, *La Paix*, qui reçoit sa charte le 1er mai 1929. Il y attire des personnalités éminentes du monde politique et artistique mais il n'a guère de temps à lui consacrer. Il forme en son sein une commission d'études pacifistes ouverte à tous les ateliers et qui est à l'origine d'abord d'un comité maçonnique d'action contre la guerre puis, en mars 1931, d'un organisme public, le Comité belge d'action contre la guerre. Visiblement, les activités proprement maçonniques vivotent et, en 1932, Jacques Pels, le Vénérable Maître de l'époque, propose de fusionner avec un autre atelier, la loge *Sincérité*. Le n° 942 *Sincérité et la Paix réunies* est reconnu en 1932.

L'esprit maçonnique

La franc-maçonnerie étant une société symbolique, on s'explique que La Fontaine épris de musique et de poésie se soit impliqué dans l'organisation de cérémonies rituelles comme le prouvent ses papiers. Il n'a pas hésité non plus à entrer dans les hauts grades qui s'appliquent surtout aux questions philosophiques.

Par ailleurs, la maçonnerie étant une fraternité, il a souvent aidé financièrement ceux qui en avaient besoin. Soulignons qu'il a montré une tolérance active à l'égard des femmes et des francs-maçons « de race nègre » qu'il croit rencontrer au congrès pro-africain que veut organiser en 1913 son ami Joseph Junck, Grand Maître du Grand Orient de Luxembourg. Il le prouvera pendant l'entre-deux-guerres en participant aux congrès panafricains et à des institutions vouées à des projets d'indépendance pour les peuples colonisés.

Charles Magnette (1863-1937), avocat et homme politique libéral radical. Sénateur, président du Sénat, ministre d'État qui fut aussi à trois reprises Grand Maître du Grand Orient de Belgique.

Henri La Fontaine a été un maçon exemplaire à tous égards, mais il s'est particulièrement distingué dans un des engagements de l'initié : « travailler au progrès de l'humanité ». Que La Fontaine soit entré en maçonnerie dans la loge *Les Amis philanthropes* est significatif ! Cet atelier a toujours été marqué par son intérêt pour la vie publique et par son action extérieure. Théodore Verhaegen, le fondateur de l'Université libre de Bruxelles en 1837, en a fait partie ainsi que les créateurs, en 1864, de la Ligue de l'enseignement, cet organisme qui a tant œuvré pour la laïcité et pour l'obligation scolaire.

La Fontaine était profondément persuadé de la nécessité pour les francs-maçons de sortir des murs des temples et de répandre leurs principes dans le monde. Cette attitude a toujours rencontré de multiples réticences. La franc-maçonnerie dite anglo-saxonne y était farouchement opposée, mais on trouvait aussi des opposants dans la maçonnerie dite latine ou humaniste dont faisait partie le Grand Orient de Belgique. À leurs yeux, le maçon devait travailler sur lui-même, s'améliorer et exercer une influence par son action individuelle.

Medaille réalisée par C. Devreese en hommage à la loge *Les Amis philanthropes*, représentant ses Vénérables Maîtres (H. La Fontaine, F. Lefèvre, Ch. Gheude), sans date

R∴ ⬚∴
Les Amis
de la Parf∴ Intell∴
à l'Or∴ de Huy.

Adresse : M. TINGELLE
Avenue des Fossés, 23, Huy.

Le 1ᵉʳ, le 3ᵉ et éventuellement
le 5ᵉ samedi de chaque mois.

Ten∴ Blanche
du Sam∴ 14ᵉ j∴ 3ᵉ m∴ 5910 à 7 h∴ PRÉCISES de m∴ pl∴

Fête de la Paix

avec le concours du T∴ C∴ F∴ **Henri LAFONTAINE**, Sénateur et Vén∴ Maît∴ de la R∴ ⬚∴ Les Amis Philanthropes, à l'Or∴ de Bruxelles, pour la partie littéraire;

& des TT∴ CC∴ FF∴ **TYCK & VERBAEYS**, des Or∴ d'Anvers et de Gand, pour la partie musicale.

Veuillez agréer, T∴ c∴ f∴, n∴ s∴ l∴ p∴ f∴ p∴ l∴ n∴ m∴ q∴ v∴ s∴ c∴ et a∴ t∴ l∴ h∴ q∴ v∴ s∴ d∴

Par Mandem∴ de la R∴ ⬚∴

Le Fr∴ Secr∴,
M∴ H∴

Le Vén∴ M∴,
G∴ De G∴

Les épouse, sœurs et filles des FFF∴ sont frat∴ invitées à cette Ten∴.
A l'issue de la Ten∴, RÉUNION INTIME dans la Salle des Pas Perdus.
Toilette de soirée pour les FFF∴

Le fr∴ Trésor∴ mettra en recouvrement, dès la fin du prés∴ m∴, les reçus pour les cotis∴ du 1ᵉʳ sem∴

Le premier devoir d'un maç∴ en dehors du Temp∴, est la discrétion.

La Fontaine, quant à lui, œuvre inlassablement sur le plan national et sur le plan international à matérialiser son idéal d'extériorisation. Il rêve d'entraîner la maçonnerie à sa suite. Politicien très engagé dans le militantisme socialiste, il cherche en 1910 à intéresser les loges à la lutte politique. *Les Amis philanthropes*, qui ont été en 1841 le berceau de la Société de l'Alliance, ancêtre du Parti libéral, lui montrent la voie. Après les élections du 22 mai gagnées par le Parti catholique, La Fontaine demande le 9 juin à toutes les loges belges d'agir de façon concertée. Réunions, commissions, dossier comportant la répartition des suffrages « cléricaux » et « anticléricaux », conférences se succèdent en juin et en novembre. L'ordre du jour d'une réunion officieuse dénonce une situation révolutionnaire, majorité cléricale aux Chambres, minorité dans le pays. La Fontaine se heurte pratiquement aux prises de position de certaines loges, celles-ci ayant suivi la modification des statuts introduite en 1893 par Charles Magnette dans son atelier à Liège, modification qui interdit « de prendre part soit par lui-même soit par ses délégués dans toute question de doctrine politique, philosophique, morale, religieuse ou sociale ». L'extériorisation, chère à La Fontaine, est donc proscrite par beaucoup.

La maçonnerie et la paix dans le monde

Les Constitutions d'Anderson de 1723 énoncent que le maçon n'est jamais impliqué dans des complots contre la paix : « [...] la guerre et les effusions de sang [...] ont toujours été funestes à la maçonnerie qui toujours prospéra en temps de paix [...]. » Guerre à la guerre est un cri qui retentit dans les loges. Pourrait-on supprimer les luttes entre les nations par une entente entre les maçons de tous les pays ? L'Internationale maçonnique ? Il faut attendre 1902 pour que voie le jour à Neufchâtel, grâce à des francs-maçons suisses, le Bureau international des relations maçonniques, qui deviendra en 1922 l'Association internationale maçonnique dont le siège est à Bruxelles, des congrès maçonniques internationaux ayant régulièrement réuni les obédiences dites latines depuis 1889. Toutes ces instances sont résolument pacifistes.

Aux yeux de La Fontaine, leurs démarches sont trop timides. En tant que secrétaire de la Société belge de l'arbitrage et de la paix, il collabore avec l'Association de la paix par le droit créée à Paris en 1887 par l'économiste Frédéric Passy. En 1907, il devient président du Bureau international pour la paix à Berne, dont l'Association française a décidé la fondation au Congrès de Rome de 1892. Désormais, c'est lui qui sera le responsable des congrès internationaux pour la paix.

Sur le plan maçonnique, il participe activement aux congrès internationaux. Au Congrès de La Haye de 1913, il intervient au nom des maçons belges dans les discussions entre les Français et les Allemands cherchant à rétablir la bonne entente en vue de préserver la paix internationale bien que son discours ait des accents francophiles. En cette même année 1913, La Fontaine collabore à la fondation de la Ligue universelle des francs-maçons

Circulaire relative à la fête de la paix organisée par la loge *Les Amis de la Parfaite Intelligence* de Huy le 14 mai 1910, à laquelle participe Henri La Fontaine

GRAND ORIENT DE BELGIQUE

8, Rue du Persil, 8
BRUXELLES

DOSSIER I5

N° 7553

D'ANNOTATION

ADRESSE :

Rép. le 5 nov.

Or∴ de Bruxelles, le 19 e j∴ du 8 e m∴ 5935 de la V∴ L∴.

T∴ C∴ F∴ LaFontaine,

Je vous saurais gré de me faire savoir quelle date vous conviendrait à bref délai pour réunir la Commission de la Paix du Gr∴ Orient dont vous avez bien voulu accepter la Présidence au cours de la séance du Gr∴ Comité du 25 juin dernier.

Veuillez agréer, T∴ C∴ F∴ La Fontaine, avec mes remerciements anticipés, l'assurance de mes sentiments frat∴ les plus dévoués.

Par Mandement :
Le Gr∴ Secrétaire,

Au T∴ C∴ F∴ Henri La Fontaine
Président de la Commission de la Paix.

(LUF) ou Ligue internationale des francs-maçons (LIF), un organisme autonome, sans lien institutionnel avec les obédiences, qui regroupe les francs-maçons à titre individuel. Il préside la section belge créée en 1929, espérant pouvoir entreprendre plus d'actions pour la paix. Délégué belge à la Conférence de la paix en 1919-1920, il est conseiller technique à la Société des Nations où il est président de la Commission de coopération intellectuelle avant l'instauration par la France en 1924 de l'Institut international de coopération intellectuelle.

Pour Henri La Fontaine, son activité maçonnique est au service du pacifisme. Il mène une propagande inlassable au sein des loges : en Belgique, par exemple, il se rend à *La Parfaite Union* à Mons pour y traiter de la LIF. Il donne des conférences dans les milieux maçonniques en France, en Suisse, aux Pays-Bas, à Vienne, à Bucarest, évidemment dans les Orients acquis à une certaine extériorisation. Au contraire, pendant son séjour aux États-Unis, il n'a que peu de relations avec « nos frères américains », écrit-il lui-même, ceux-ci appartenant au groupe anglo-saxon. Il est cependant reçu à San Francisco à *La Parfaite Union*, loge dirigée par un Belge, et qui, ajoute-t-il, porte le nom du plus ancien atelier belge, celui de Mons. Il visite à Washington un nouveau et « magnifique » temple et est invité en 1917 par une petite loge française qui dépend du Grand Orient de France.

Au sein de la LIF, il organise un « groupe de travail pacifiste pratique » ou « groupe d'action pratique pour la paix » et, à ce titre, il sollicite une action commune publique de la franc-maçonnerie près de la Conférence du désarmement réunie à Genève. Il promet le 9 avril 1932 au président Arthur Henderson le soutien de 235 000 francs-maçons, malgré les réticences que rencontrent ses demandes. La conclusion de son rapport à l'assemblée générale de la Ligue à Bruxelles en septembre 1935 est sans équivoque : « La franc-maçonnerie a le devoir, outre l'éducation éthique de ses membres, d'agir sur le plan social. » « Nous ne pouvons pas ne pas intervenir dans le vaste drame humain. »

Les congrès universels de la paix, qui sont bisannuels, sont souvent préparés avec l'appui de ses amis francs-maçons. Par exemple, son dossier du Congrès universel de la paix d'Athènes en 1929 montre les liens qui unissent la maçonnerie au pacifisme. Le vice-président du BIP, qui est au centre de l'organisation avec La Fontaine, est Lucien Le Foyer[5], Grand Maître, à l'époque, de la Grande Loge de France. La Fontaine le charge de prendre des contacts maçonniques à Salonique, Athènes, Constantinople, Sofia, Bucarest et Belgrade pour y créer des « Sociétés de la paix » qui n'existent pas encore dans ces pays. Le groupe part en « Balkanie », terme aujourd'hui oublié, et La Fontaine, membre honoraire de la Grande Loge de Bulgarie, est reçu à Sofia notamment par le

Lettre du Grand Orient de Belgique à Henri La Fontaine relative à la Commission de la paix, 19 octobre 1933

Lucien Le Foyer (1872-1952) : homme politique français, membre du Parti radical, il fut secrétaire général de la Délégation permanente des sociétés françaises de la paix.

roi Boris. Dans le douloureux conflit qui oppose la Bulgarie aux Yougoslaves et aux Grecs à propos du partage de la Macédoine, La Fontaine prend le parti des Bulgares. L'Université nouvelle où il a enseigné le droit international ayant accueilli nombre d'étudiants bulgares, il a en effet conservé des liens d'amitié dans ce pays. En ouvrant le congrès à Athènes, il exprime haut et fort son opinion sur ce sujet brûlant, ce qui lui vaut une polémique avec des journalistes yougoslaves, dont plusieurs francs-maçons de ses amis. Les choses s'apaisent grâce à la médiation de Lucien Le Foyer et La Fontaine est reçu avec les honneurs, selon la tradition, dans les loges de Belgrade.

Photo prise le 11 octobre 1929 au moment du Congrès universel de la paix organisé à Athènes

Lettre d'Henri La Fontaine à Hersant, 26 août 1921*

« [...] Mais je pense que ce dont le monde a besoin, ce n'est ni d'un Temple, ni d'un Palais de la Paix, mais d'un atelier où, à chaque minute de chaque heure, des hommes construisent la demeure nouvelle vers laquelle vont depuis des siècles les désirs de l'humanité. Nous avons à quelques-uns eu, il y a plus d'un quart de siècle, l'audace d'entreprendre cette œuvre et déjà nos efforts ont abouti à la création d'un Centre international [...]. Mais notre audace a de bien autres visées; nous voulons qu'un jour prochain s'élève une cité mondiale, capitale d'une humanité réconciliée, où en de vastes locaux se rencontreront des citoyens de toutes les contrées pour délibérer, décider, réaliser, et instaurer enfin sur notre globe un régime qui assure à tous le pain quotidien et la plénitude d'un épanouissement harmonique de leurs facultés. Si l'on considère le gaspillage d'efforts et de ressources qui s'est poursuivi jusqu'à ce jour, si l'on pense aux richesses incommensurables que la terre peut prodiguer si elle en était sollicitée avec méthode, si l'on songe aux centaines de millions de cerveaux laissés en friche par l'imbécillité de ceux qui s'arrogent le droit d'éduquer les peuples, il serait possible de transformer notre globe misérable en un jardin de délice et de joie. C'est cela dont il faut persuader les hommes et pour cela il faut un lien d'irradiation que nous nous sommes efforcés d'approprier. Ce n'est encore qu'une modeste tentative, mais un jour nous avons la conviction qu'elle surgira parmi les peuples et les espaces en toute son ampleur et en toute son efficacité salvatrice. [...] »

* Mundaneum, Papiers personnels d'Henri La Fontaine, boîte 57, dossier 2

Illustration du programme de la réunion internationale du 1er août 1928 organisée par la Fédération belge du *Droit humain*

« À gravir les montagnes on apprend la patience, la persévérance, la prudence, et aussi l'audace calme qui aborde les difficultés sans s'en effrayer. Et la récompense, pour ceux qui savent voir et comprendre le rôle que les cimes jouent dans l'économique du monde, dépasse tous les plaisirs dont trop de citadins se délectent. »

Henri La Fontaine, extrait de « Notre passé », texte dactylographié, [1925] (Mundaneum, Papiers personnels d'Henri La Fontaine, boîte 48, dossier 7)

Henri La Fontaine : la vie privée d'un homme public

Jérôme Adant

Le 14 mai 1943. L'Europe est en sang, le ghetto de Varsovie s'apprête à tomber, à Washington se prépare la décision d'un débarquement sur les côtes françaises. À Bruxelles, square Vergote, non loin du Cinquantenaire, Henri La Fontaine s'éteint. Ses derniers mois de vieillesse lui ont laissé le temps de se souvenir d'une vie, la sienne, qui courait depuis le 22 avril 1854. Né sous le règne de Léopold Ier, il avait seize ans lors de la débâcle de Sedan, à peine trente et un lors de la création du Parti ouvrier belge ; la tour Eiffel fut inaugurée lorsqu'il avait déjà trente-cinq ans et il reçut son prix Nobel de la paix à l'aube de la soixantaine, en 1913. Quelque trente ans plus tard, veuf, dans un relatif isolement, atteint par l'usure de tous les combats menés, il ne peut masquer l'aigreur et la fatigue d'une fin de vie militante se délitant dans un second conflit mondial.

Excursion en montagne : halte au chalet-hôtel du Plan de l'Aiguille (France), août 1930

Alfred La Fontaine, le père d'Henri La Fontaine, sans date

Un cercle intime

La famille : une passion dévorante

Le père d'Henri La Fontaine, Alfred, est un Namurois. Il poursuit sa carrière de fonctionnaire dans l'administration des Finances. La famille La Fontaine évolue dans le milieu bourgeois libéral de cette Belgique en pleine révolution industrielle. Alfred obtient sa mutation à Bruxelles vers le milieu du XIXe siècle. C'est donc dans la capitale, à l'âge de trente-deux ans, qu'il devient le père d'un garçon prénommé Henri suivi, trois ans plus tard, d'une fille : Léonie.

On ignore tout des rapports entre Henri et Alfred La Fontaine, si ce n'est que leur relation est teintée d'estime et de respect. Au décès de son mari en 1882, la mère d'Henri et de Léonie, Marie-Louise Philips, continue à entretenir son souvenir.

Son fils s'en inquiète et lui écrit, alors qu'elle se repose à Ostende : « Tu te confines obstinément en toi-même et tu oublies que nous sommes bien en droit un peu d'exiger de toi un effort moral. Le regret poussé à l'extrême n'est qu'une nouvelle forme de l'égoïsme. Ce n'est pas l'oubli. Oublie-t-on ? Mais je veux un souvenir des moments de bonheur, un souvenir qui soit triste mais doux, et non pas éternellement amer et douloureux. C'est la grandeur de notre nature humaine de pouvoir se soumettre sans se démettre, c'est de pouvoir se vaincre soi-même et façonner ses idées et sa vie à son gré[1]. »

La relation entre Henri et sa mère Marie-Louise est d'une tout autre nature que celle qui le lie à son père. Née Philips en 1826, madame La Fontaine est une Hollandaise de Maastricht, issue d'une famille à la fortune extrêmement confortable. Jusqu'à son décès en 1899, elle nourrit pour son fils une passion dévorante. Alors qu'il est un adulte accompli, ce dernier est tenu d'écrire à sa mère au moins une fois par jour. Ils partagent amplement leurs passions pour la musique et la montagne. Malgré cela, elle se plaint : « Mon cher fils, nous avons reçu hier ta bonne lettre, deux cartes et un télégramme, merci de tes attentions ; tu sais que pour certaines mères, ce qui abonde ne nuit pas et comme je suis parmi ces mères [...] je me réjouis quand il y a abondance et je me résigne. Je suis convaincue que si je ne reçois rien ou presque rien c'est que cela est trop difficile[2]... » En retour, en cas de « défaillance » de l'attention maternelle, Henri peut se montrer exigeant, voire ironique ou mordant, et la faire languir : « Chère Mère, c'est amusant, n'est-ce pas, d'attendre quarante-huit heures avant de recevoir de mes nouvelles ! Voilà pourtant de nouveau six jours que vous me laissez sans un seul mot [...]. Vous pourriez bien, au milieu de vos nombreuses occupations, trouver le temps de m'écrire une simple carte[3]. »

Marie-Louise Philips, la mère d'Henri La Fontaine, sans date

Et puis il y a sa sœur cadette, Léonie (1857-1949), dont il est très proche. Seul le tardif mariage d'Henri les obligera à s'établir dans deux domiciles séparés. Militante active, elle collabore dès 1895, avec Paul Otlet et Henri, à l'Office international de bibliographie, futur Mundaneum. Féministe, elle s'engage également à ses côtés dans la Ligue belge du droit des femmes créée en 1892. Ses combats la forceront à l'exil en Suisse durant la Première Guerre mondiale. Une correspondance fournie rapproche le frère et la sœur. Ils y partagent leurs visions du pacifisme et du féminisme. Si la sœur s'occupe de leur mère souffrante, elle ne peut s'empêcher de noter ses liens privilégiés avec son frère, et elle le taquine en l'appelant « le fils à Maman ». Léonie est une femme que les passions transportent tour à tour dans la détresse ou l'exaltation. Tantôt, elle est le plus fervent soutien d'Henri, scrutant et commentant ses moindres conférences ou déplacements, lui écrivant par exemple en 1920 : « Je lis avec plaisir que tu as eu du succès à la SDN, on n'est pas prophète dans son pays, et les journalistes chez nous sont immondes. Je suis dégoûtée d'être belge. [...] Combien tout est difficile. Mener les humains vers le bien, cela semble un rêve, une utopie. [...] Tâchons de continuer à flâner, c'est ainsi qu'on conserve son idéal[4]. » Tantôt, elle le houspille, cherche à le culpabiliser et déverse sa rancœur. Si son frère, en exil aux États-Unis durant la Première Guerre mondiale, tarde à lui écrire, sa fureur se déchaîne : « C'est à désespérer de tout ici-bas... heureux les morts. [...] Il n'y a qu'une solution, que le monde périsse et que plus un homme n'existe sur la face de la terre puisque tous sont fous et inhumains. Pourquoi venir en cette vie, je me le demande[5] ? » Vers la fin de son existence, en 1942, les reproches qu'elle adresse à son frère sont plus explicites : « Je devrais peut-être te répondre sur ton autre moitié [de lettre], ce que tu fus si longtemps pour moi, il y a si longtemps que tu l'as oublié, moi pas hélas !!! J'ai tant souffert dans cette vie, et souffre encore, quand je me trouve en face de toutes mes illusions. En cette vie trop longue, il a fallu voir l'effondrement de l'amour du prochain, de l'amour de la famille, etc.[6] »

Mathilde Lhoest, carte postale, sans date (Stern, Bruxelles)

Mathilde : « Ce mystère sera notre roman »

Enfermé dans cet étau familial, Henri La Fontaine peine à développer des relations amoureuses. Certes, durant sa trentaine, il entretient une relation plus épistolaire et platonique que charnelle avec une germanophone nommée Beha. Mais la grande passion de sa vie sera Mathilde Lhoest, de dix ans sa cadette. Liégeois, le père de Mathilde est directeur

---

[1] Lettre du 30 août 1883 (HLF048-8) (sauf indications contraires, les informations et citations sont issues des Papiers personnels d'Henri La Fontaine conservés au Mundaneum à Mons).
[2] Lettre du 1er août 1887 (HLF071-1).
[3] Lettre du 29 août 1884 (HLF048-10).
[4] Lettre du 25 novembre 1920 (HLF071-3).
[5] Idem, 7 février 1915.
[6] Idem, 15 décembre 1942.

de la Compagnie des papiers peints et son frère, qui se révélera anti-bolchevik et mussolinien, travaille à Saint-Pétersbourg pour la Compagnie d'électricité. La Fontaine attendra quatre ans après le décès de sa mère pour épouser Mathilde, en 1903. Les deux amants correspondent en fait depuis 1885 en empruntant des noms de code ; Henri signait « Henriette » et se faisait passer pour une amie...

Libéré de l'emprise maternelle, La Fontaine se lance : « Si je viens vers vous, c'est de ma libre volonté et de mon libre choix, comme il n'est que l'on s'approche de celle que l'on aime. Car je vous aime et vous m'aimez. Vos yeux, vos mains, vos lèvres nous l'ont dit depuis longtemps tout bas, mais pas assez bas encore, puisque d'autres que nous l'ont entendu. [...] J'ai sur le mariage et sur l'amour des idées folles, puisque je suis presque seul à les avoir. Mais si vous les partagez, qu'importe l'opinion du monde à ceux qui sont fous à deux. Je n'aspire ni au fracas du plaisir ni aux splendeurs de la lune. Ce que je désire, c'est un petit coin béni où l'on aime tout ce qui est bon. » Néanmoins, ce féministe convaincu détaille ce qu'il attend de sa future épouse : « Je ne souhaite pas une de ces femmes savantes, émules des génies et des sages, mais une compagne qui soit non seulement une ménagère et la mère de mes enfants, mais une amie à la hauteur de notre époque, qui puisse donner un conseil et un conseil vrai dans les circonstances difficiles de nos jours où la vie n'est plus aux plus forts, mais aux plus intelligents. » Il la rassure enfin : « Ma jeunesse est pure et je n'ai pas de fredaines à me faire pardonner[7]. »

Leur complicité sera constamment forte, accrue par un sens de l'humour précieux. Ainsi lorsque cette passionnée de graphologie dresse de lui le portait d'un homme au « caractère équilibré mais tendant à l'idéalisme et à l'Utopie », il n'hésite pas à lui répondre : « Ma chère nécromancienne, graphologue et monteuse de bateaux, je vous suis d'une gratitude napoléonienne pour la consultation que vous avez daigné me transmettre enfin, avec les mille précautions d'une diplomatie raffinée : numérotage, personne interposée, précautions oratoires et réserves formelles. Enfin je connais quelque chose sur mon caractère[8] ! »

Square Vergote, où l'on aperçoit la maison d'Henri La Fontaine (la première à gauche), sans date

Henri La Fontaine et son épouse dans la salle à manger de leur maison square Vergote, 1932

Le couple ne s'installera pas au domicile d'Henri, rue d'Arlon, et optera pour le square Vergote. La Fontaine a bientôt cinquante ans, Mathilde approche la quarantaine. Elle lui assure : « Suis-je donc heureuse de t'aimer tant et d'être ta petite chérie. Il n'y a rien de comparable sur la terre, seulement voilà, il ne faudrait jamais être séparé [...]. Deviendrai-je une petite maman ? Et toi un adorable père ? Je ne souhaite qu'un fils te ressemblant le plus possible... me rappelant tes jeunes années. [...]⁹ » Les espoirs seront hélas vite déçus ; le couple n'aura pas de descendance.

Mathilde La Fontaine décède en pleine Seconde Guerre mondiale, le 28 mai 1941. En retour des trois cent quarante faire-part envoyés, de nombreuses personnes, dont Léon Losseau¹⁰, Marthe Boël¹¹ ou Charles Gheude¹², louent son rôle de collaboratrice et de soutien. Quelques mois plus tard, accablé, La Fontaine rédige une de ses dernières lettres à un ami, Édouard de Neufville. Il constate le désert qui l'entoure et, pour la première fois, sombre dans la résignation : « Nos vies sont ainsi exposées à des revirements capricieux qui nous paraissent terriblement injustes et injustifiés. Ce ne sont

Henri La Fontaine et Mathilde Lhoest, sans date (photographie Émile Dieudonné, American Photographie Salon, Berne)

  Lettre d'Henri La Fontaine à Mathilde, s. d. (HLF068-1).
  Idem, 11 février 1900.
  Lettre de Mathilde à Henri, 1903 (HLF068-4).
10 Léon Losseau (1869-1949) : Montois fortuné, bibliophile, mécène et homme d'affaires.
11 Marthe Boel (1877-1956) : née de Kerchove, épouse de l'industriel louviérois Pol Boel, présidente du Conseil international des femmes.
12 Charles Gheude (1871-1956) : socialiste, avocat, écrivain, député, investi dans l'enseignement.

pas seulement nos souffrances personnelles qui nous accablent, mais aussi celles de millions de nos semblables dont les souffrances, que nous avons tenté de leur épargner, font écho dans nos âmes comme des reproches de n'avoir pas réussi dans nos efforts. À tout cela il faut présenter un front calme car à l'âge que nous avons atteint, l'expérience nous a appris que sur terre nos joies sont éphémères et la question se pose : sur les milliards de terres qui tournent autour de milliards de soleils qui peuplent notre voie lactée, en est-il de même ? [...] Pauvres atomes que nous sommes comme des grains de sable dans les océans, qui donc souffre de nos souffrances et cherche à les atténuer ? [...] Cher ami, résignons-nous à l'inévitable et espérons qu'ailleurs des compensations nous seront données pour les désillusions subies et les déceptions endurées. C'est ce qu'on appelle avoir du courage[13]. »

Les amis

Si Henri La Fontaine est bien un homme de réseau, de relations, d'entregent, ses archives ne nous permettent pas de détecter la présence à ses côtés d'amis proches et intimes. Deux noms ressortent néanmoins, qui illustrent la nature des liens tissés par La Fontaine.

Le premier est Paul Otlet. La Fontaine le rencontre alors qu'il est jeune avocat, secrétaire d'Edmond Picard. Otlet sera le compagnon de travail constant dans l'aventure bibliographique. C'est d'ailleurs à lui que La Fontaine léguera une part substantielle de son héritage, à charge pour Otlet « d'appliquer la somme totale de ce legs à la poursuite de l'œuvre réalisée [...] ».

Le second est Émile Vandervelde[14], socialiste également. Dans ses *Souvenirs*[15], l'homme d'État évoque sa rencontre avec lui, de dix ans son aîné. Elle naît et se développe dans le cadre du Club alpin belge et d'une excursion au Titlis, en Suisse, en 1884. Durant leurs ascensions, des échanges ont lieu sur leur vision de la politique et des enjeux mondiaux. Si La Fontaine initie Vandervelde à Wagner, le second initie le premier au socialisme. Vandervelde note : « Ce fut, en somme, la première conversion que je fis : au retour de ce voyage, La Fontaine s'affilia au Parti ouvrier. » L'importance de l'amitié de Vandervelde est décisive, comme le confirme La Fontaine lui-même : « Nos fréquentes et longues excursions dans les Alpes m'ont surtout décidé à mettre la main à la pâte et à apporter mon concours à la lutte entreprise par le prolétariat international. [...] J'ai présidé le premier Congrès international des étudiants socialistes. Je me rappellerai toute ma vie l'ahurissement que cette présidence causa dans mon entourage[16] ! » La Fontaine demeure proche de la première épouse de Vandervelde, Lalla, très impliquée dans les activités artistiques de la Maison du Peuple.

La politique, la montagne, la musique : les trois passions de La Fontaine réunies dans une amitié.

Les évasions

« L'amour est un accord parfait[17] »

Très jeune, Henri La Fontaine est poussé à l'étude du piano par sa mère. La passion ne le quittera plus. Il n'est donc pas étonnant qu'il intègre activement ce que Bruxelles compte à la fin du XIXe siècle de milieux artistiques et musicaux. Dès 1881, il devient membre du Cercle artistique et littéraire, sorte de « club » à l'anglaise disposant de salles de lecture, de billards, de cartes, etc. Parmi la liste des membres figurent les Allard, directeurs de

Henri La Fontaine au piano, sans date

---

[13] Lettre du 2 février 1942 (HLF071-2).
[14] Émile Vandervelde (1866-1938) : juriste, ministre d'État, grande figure du socialisme belge et international, opposant à Léopold II. Il est l'auteur du texte fondateur du Parti ouvrier belge, la « Charte de Quaregnon ».
[15] Émile VANDERVELDE, Souvenirs d'un militant socialiste, Paris, Denoël, 1939, p. 22-23.
[16] Institut Émile Vandervelde, CAE/200. Lettre d'Henri La Fontaine, 16 avril 1898.
[17] Lettre d'Henri La Fontaine à Mathilde, antérieure à 1902 (HLF068-1).

VILLE DE NIVELLES
✳ ✳ ✳

Cercle d'Études et d'Extension Universitaire

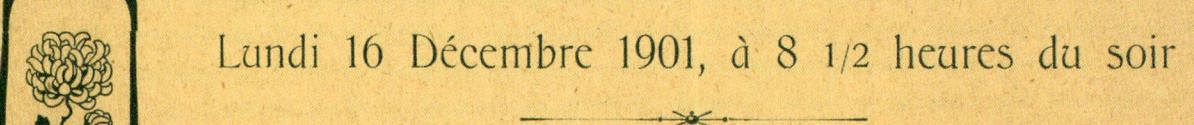

Lundi 16 Décembre 1901, à 8 1/2 heures du soir

SOIRÉE LITTÉRAIRE & MUSICALE

Conférence par **M. H. LA FONTAINE**, Sénateur, Avocat près la Cour d'Appel de Bruxelles

MOZART INTIME

Audition d'Œuvres de Mozart

Exécutées par MM. LA FONTAINE et Hector DECLERCQ

1. Fragments de Sonates enfantines pour piano et violon.
2. Première Sonate pour piano à quatre mains.
3. Fragments de Sonates pour piano et violon.
   a) Sonate n° 2 : Allegro Molto.
   b) Sonate n° 3 : Andante.
   c) Sonate n° 6 : Finale.
4. Adagio et Finale de la Fantaisie, Sonate pour piano seul.
5. Sonate n° 7 pour piano et violon.
   a) Allegro Molto.
   b) Adagio.
   c) Allegretto - Variations.

Piano de la Manufacture Royale " Berden & Cie ,, à Bruxelles, sortant des Magasins de M. Jules Declercq à Nivelles.

LOCAL : Salle de l'étage, au *Café des Canonniers*.
ENTRÉE (pour les personnes non munies de carte générale) :
   Membres effectifs et honoraires du *Cercle* . . . . fr. 0.25
   Autres personnes 0.50

l'Hôtel des Monnaies, les Balat[18], Cassel[19], Carton de Wiart[20], Edmond Picard ou encore l'architecte moderniste Saintenoy. C'est un fait : la passion musicale de La Fontaine lui permettra toujours d'étoffer son réseau relationnel. Ne sera-t-il pas reçu au Palais de Bruxelles par la reine Élisabeth afin d'admirer son orgue et d'y jouer[21] ?

Outre les innombrables activités de ce premier cercle, La Fontaine est dévoré par la musique. Ses goûts sont très éclectiques : si la musique de chambre du XVIe siècle et Brahms, Beethoven ou Dvořák paraissent avoir ses faveurs, il apprécie particulièrement deux musiciens : Wagner et Mozart. La Fontaine remplit des centaines de pages de notes, de commentaires durant et après les concerts, se procure les partitions et en dresse l'exégèse. Il conçoit même une méthode d'apprentissage du piano. Lors d'une conférence sur « le concerto » donnée en 1919, il annonce : « On admire souvent Mozart de confiance, mais on l'applaudit avec parcimonie. Mais l'humanité, en des heures plus calmes et plus heureuses, lui reviendra comme on revient aux sources dont l'eau cristalline reflète le bleu du ciel et les étoiles des nuits sereines. Génie incomparable dont les chants du cygne furent deux chefs-d'œuvre impérissables, *La Flûte enchantée* et le *Requiem*, dédiés l'un à la loge et l'autre à l'Église, parce qu'il était à la fois un esprit libre et un adepte de la religion universelle de bonté et de fraternité[22]. » La musique rejoint bien d'autres aspirations dans son chef, plus politiques et spirituelles. Quant à Wagner, il lui consacre son premier ouvrage, en 1885 : une traduction en prose rythmée de la *Walkyrie* et du *Crépuscule des Dieux*, le prologue et le premier acte de *L'Anneau du Nibelung*.

Courant les concerts à Bruxelles, La Fontaine se consacre à son engouement au moins une fois par semaine. De plus, il devient sympathisant d'amicales musicales : le Cercle Mozart, la Société des concerts populaires, l'*Allgemeiner Richard Wagner-Verein*, les Amis de Salzbourg, où il côtoie madame Jules Destrée[23], les d'Ursel, les Assche et les Grunne, en d'autres termes, ce que compte la Belgique d'élite aristocratique, économique et politique. Son but, à travers toutes ces œuvres ? « Entretenir une amitié internationale ayant pour base l'art et la musique en particulier[24]. »

Ce déferlement d'activités liées à la musique le met aux avant-postes. Par sa position, La Fontaine sera constamment sollicité pour apporter sa garantie morale, son aide

Annonce d'une soirée littéraire et musicale au Cercle d'études et d'extension universitaire de Nivelles, consacrée à Mozart, où Henri La Fontaine donne une conférence avant d'interpréter quelques morceaux au piano avec Hector Declercq (1901)

---

[18] Alphonse Balat (1818-1895) : un des architectes de Léopold II, auteur entre autres des serres de Laeken.
[19] Jacques Cassel (1847-1930) : propriétaire d'une importante banque d'affaires bruxelloise.
[20] Henri Carton de Wiart (1869-1951) : juriste, homme d'État démocrate-chrétien plusieurs fois ministre.

[21] Palais royal de Bruxelles, Secrétariat Reine Élisabeth, Audiences-L-25.
[22] Communications à l'INR, Conférence sur Mozart (HLF132).
[23] Jules Destrée (1863-1936) : socialiste, juriste, attaché à l'identité wallonne.
[24] Cartes de membres, sociétés (HLF130).

technique ou professionnelle aux uns et aux autres. Pour une ancienne élève d'Eugène Ysaÿe[25], il intercède auprès du bourgmestre de Soignies afin de lui trouver un emploi ; il use de son entregent et organise un concert chez lui afin que la pianiste Marthe Girod[26] puisse démontrer ses talents et trouver un emploi à Bruxelles ; il use également de son pouvoir afin d'obtenir du gouverneur des Bahamas un visa pour Lucien Barenblatt[27] ! La Fontaine semble avoir ses « poulains », dont il suit la carrière durant des années. Ainsi André Gertler[28] ou encore Carlo Van Neste[29], qu'il essaye de « pousser » auprès du ministre de l'Instruction publique afin de lui obtenir un poste à l'Accademia Santa Cecilia de Rome ou au Conservatoire de Gand. Tous ces musiciens se retrouvent régulièrement le samedi soir au square Vergote et présentent une œuvre ou la partagent avec La Fontaine au piano. Ce sont les « amis du samedi ».

Henri La Fontaine profite de chaque réunion ou congrès international pour s'adonner à sa passion dominante. On le rencontre dans les meilleures salles à Modène, Vienne, Budapest, La Haye ou Paris. Même la Première Guerre mondiale ne semble pas apaiser sa soif mélodique, à Londres ou à New York. Seule la Seconde Guerre mondiale et surtout la vieillesse ralentiront ses sorties aux spectacles. Il demeure alors chez lui, à écouter sa collection de disques ou les concerts retransmis à la radio.

Fleurs cueillies par Henri La Fontaine lors d'une excursion sur le glacier du Gorner (Suisse) en 1883

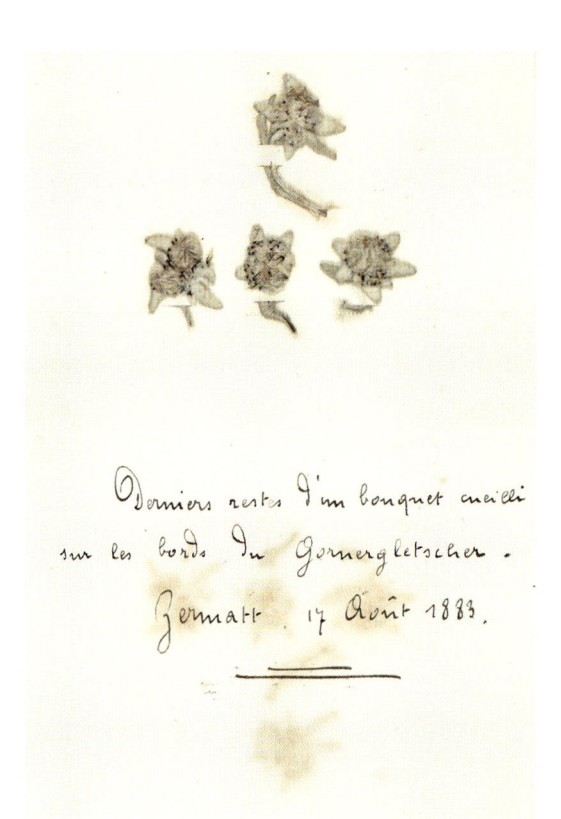

Que la montagne est belle...

C'est dans le cadre du Club alpin belge qu'il contribue à fonder en 1883 que La Fontaine laisse s'épanouir son goût pour les voyages. Il en assume d'ailleurs très rapidement, et jusqu'à sa mort, la présidence. Qui trouve-t-on précisément dans ce club ? « Des sportsmen, des hommes de science, des artistes. » Dans ses souvenirs, Vandervelde se rappelle une « étonnante et un peu tartinesque compagnie d'hommes généralement mûrs, médiocrement ingambes, et qui, pour la plupart, aimaient mieux manger des truites, sur les bords du lac de Lucerne, que hisser leurs 90 ou leurs 100 kilos au sommet d'un col de montagne[30] ». Exception faite de quelques-uns, dont La Fontaine. Parmi les autres membres, on peut aussi distinguer Ernest Solvay, qui abritera le Club dans sa maison bruxelloise, le duc de Brabant, futur Léopold III, ou le comte Xavier de Grunne[31], secrétaire puis vice-président du Club. C'est avec cet intime d'Albert Ier que La Fontaine organisera les hommages lors du décès du « roi alpiniste » en 1934. La Fontaine et le souverain avaient

Carte de membre du Club alpin
belge pour l'année 1935

25. Eugène Ysaÿe (1858-1931): violoniste belge, conseiller musical de la reine Élisabeth, professeur au Conservatoire de Bruxelles.
26. Marthe Girod: pianiste française, élève à Vienne de Letchetitsky.
27. Lucien Barenblatt: violoniste, membre de l'orchestre symphonique de la NBC.
28. André Getler (1907-1998): violoniste hongrois, élève d'Ysaÿe, ami et spécialiste de Bartok, et fondateur du Quatuor Gertler.
29. Carlo Van Neste (1914-1992): violoniste belge, professeur au Conservatoire de Bruxelles à partir de 1942. Il héritera de toutes les partitions et du piano Bechstein de La Fontaine.
30. Émile VANDERVELDE, op. cit.
31. Xavier de Grunne (1894-1944): sénateur rexiste en 1936, invité à Nuremberg par le Führer, il deviendra résistant et mourra en déportation.

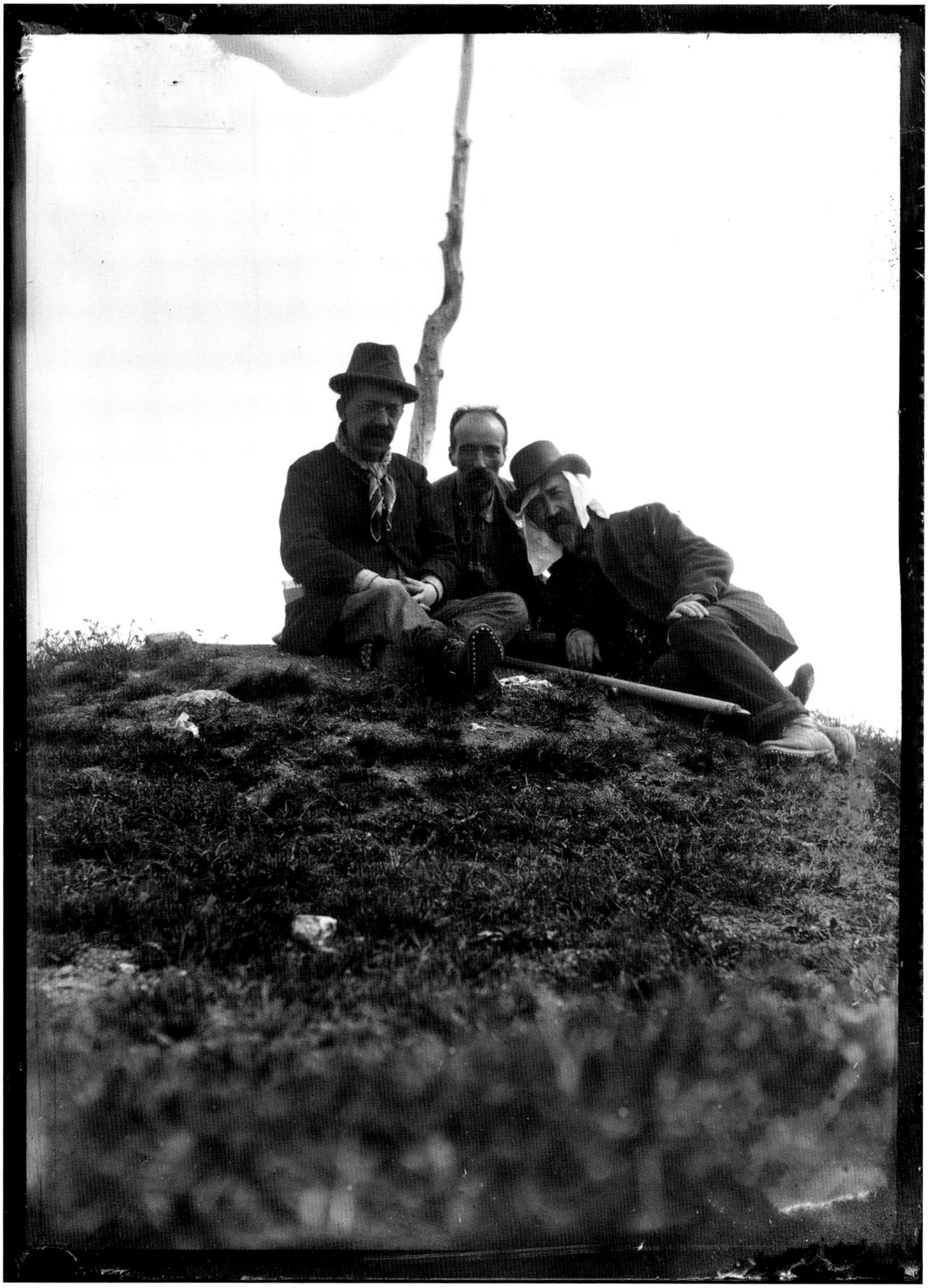

eu l'occasion de partager des sorties avec le Club ou de se rencontrer à la Conférence de la paix à Versailles en 1919. Une souscription est donc organisée afin de recueillir des fonds pour un monument à Marche-les-Dames, où Grunne a lui-même dirigé les secours. Dans une lettre de condoléances cosignée avec lui et adressée aux membres du Club, La Fontaine livre ce que représente pour lui l'activité alpine : « Oserons-nous dire que cette fin fut conforme à ses désirs ? Aux intimes qui, dans un but louable, lui représentaient l'épouvante d'une chute en montagne, il ripostait : "Avez-vous pensé au drame de la mort lente, dans un lit, après la décrépitude d'une longue maladie ?" [...] La guerre des peuples l'a épargné, la montagne l'a pris ; mais c'est la guerre quand même, l'éternelle guerre contre sa propre faiblesse, contre sa propre lâcheté, pour la défense de cette énergie que les âmes fortes refusent de laisser vaincre par l'âge. Il est tombé en pleine lutte : il mérite le culte des héros[32]. »

Une multitude d'activités sont organisées par le Club, auxquelles La Fontaine participe plus que régulièrement. La Suisse est une destination de choix, même s'il peste sur le train qui l'y mène, et ce malgré la première classe ou les hôtels de luxe dans lesquels il peut descendre. Il profite par exemple d'un Congrès de l'Union interparlementaire pour prolonger son séjour par des excursions. Et rien ne l'empêche de se plaindre sur la prolifération du tourisme... Enfin, épris d'écriture et de littérature modernes, le Club lui sera une source d'inspiration intense et il consacrera à la montagne d'innombrables pages, comme *Du Brouillard, excursion dans les Alpes Grées* en 1888 ou *Rhin et Rhône* en 1902[33].

La Seconde Guerre mondiale et ses lois prohibant les sports en groupe et les déplacements non contrôlés mettront un terme aux excursions du Club, qui compte alors deux cent cinquante membres. Âgé, La Fontaine n'assiste presque plus aux réunions. Il se confie à Grunne : « Nous n'avons plus que le seul privilège de nous ressouvenir de nos émouvantes courses dans les Hautes Alpes, et jeunes et vieux nous en sommes réduits au même régime. [...] Gloire à celui qui dressa en leur architecture gigantesque les cimes immaculées où se meurent le vacarme féroce des luttes fratricides et les cris de douleur des masses martyrisées. Mais l'écho de ces horreurs nous suivrait malgré nous dans nos âmes meurtries et les grognements des avions homicides y mêleraient leur tapage infernal en leurs survols audacieux[34]. »

Henri La Fontaine (au centre) lors d'une excursion en montagne, sans date

[32] Correspondance avec le CAB, 20 février 1934 (HLF048-7).
[33] Concernant la production littéraire d'Henri La Fontaine, voir Daniel LEFEBVRE et Suzanne LECOCQ, « Une personnalité aux multiples facettes », in : Hervé HASQUIN (et alii), *Henri La Fontaine : Tracé(s) d'une vie. Un Prix Nobel de la Paix, 1854-1943*, Mons, Mundaneum, 2002, p. 26-27.
[34] Lettre du 26 mai 1941 (HLF048-7).

Exils et découvertes

Henri La Fontaine a sillonné l'Europe en tant que sénateur, président du Bureau international de la paix ou du Club alpin. Mais la Première Guerre mondiale le force, lui, le pacifiste, le socialiste, à l'exil. Au grand dam de sa sœur qui le réclame en Suisse, il choisit l'Angleterre puis les États-Unis.

La Fontaine arrive à Londres le 11 août 1914, neuf jours avant la chute de Bruxelles. La maison du square Vergote est laissée à des nièces de Mathilde. Après avoir longuement visité une cinquantaine d'appartements, il s'établit au 127, Saint James Court, à 200 mètres de Buckingham Palace. Mathilde et Henri y mènent une vie mondaine et culturelle intense, et ils s'impliquent activement dans diverses organisations : les Orphelins de guerre, *The Belgian Rapatriation Fund* dont s'occupe Lalla Vandervelde et qui est chargé d'organiser le retour matériel des Belges au pays, *The Wounded Allies Relief Committee*, qui récolte de l'argent pour les hôpitaux des pays alliés, où il retrouve Vandervelde, le diplomate Cartier de Marchienne[35], Paul Hymans[36] et Carton de Wiart. Soulignons aussi qu'il s'inscrit au Comité d'assistance des avocats et notaires belges dont fait également partie Destrée. Sa sœur Léonie lui conjure de ne pas chercher à rentrer en Belgique, la mer du Nord étant infestée de mines. Se sent-il inutile ? Cherche-t-il le « pays de la parole libre » ? La Fontaine décide en avril 1915 de rejoindre les États-Unis. Il compte pouvoir y mener une propagande pacifiste et mondialiste plus aisément que dans un pays belligérant.

Il séjourne d'abord sur la côte Est des États-Unis. Après la *World Peace Foundation* de Boston au mois de mai, c'est l'*Intercollegiate Socialist Society* de New York qui le réclame. La Fontaine est alors absorbé par un cycle de conférences sur le pacifisme et de demandes de témoignage. Il devient peu à peu un Européen de référence sur le continent nord-américain. Début 1916, les La Fontaine traversent le pays et se retrouvent à Los Angeles et San Francisco. Les villes californiennes et le mode de vie qui s'y développe impressionnent Henri : « Je pense qu'après la guerre, il y aura de bonnes habitudes à emprunter aux ménagères transatlantiques. La suppression des servantes les a forcées à s'organiser suivant de nouveaux principes. [...] Il s'est créé ici une société qui fabrique de ces maisons en bois et démontables pour être mises à la disposition des populations belges et françaises dont les villages et les villes sont en ruines. Ce sera sans doute la voie par laquelle certaines mœurs américaines pénètreront en Europe[37]. » Il prend acte de l'enrichissement considérable du pays et du nouveau rôle qu'il sera amené à jouer dans le jeu mondial. À San Francisco, enfin, en marge de ses conférences, il visite avec attention la *Panama-Pacific International Exposition* où ce mélomane s'intéresse particulièrement au progrès de l'industrie phonographique. La Fontaine est un homme curieux qui se passionne tout aussi bien pour la radio, l'aéronautique ou l'automobile, lui qui ne possède pas de voiture !

Sur le chemin du retour à New York, où il doit assurer des cours de relations internationales, après avoir donné plus de quatre-vingts conférences en Californie, il marque donc un arrêt à Detroit et visite les industries Ford. Il ne peut s'empêcher de dresser un parallèle avec la crise mondiale : « Tuer des hommes est devenu vraiment une besogne d'usine organisée avec la même précision que le sont les équipes dans une des formidables manufactures américaines. Que sont les abattoirs de Chicago à côté de ces colossaux abattoirs qui encerclent les empires centraux[38] ? »

La fin de la guerre, qui le voit à New York, ne le rend pas optimiste quant à la suite des événements. La Fontaine fait le décompte des morts de son entourage, comme le frère de Louis d'Ursel. Il croise encore et toujours des trains de soldats qui roulent vers l'Est et pense dénoter une culture de l'uniforme dans ce pays qui, selon lui, n'en connaissait pas. Lorsqu'il revient square Vergote, il trouve la maison en piètre état et une Europe à reconstruire. Il part pour la Conférence de la paix à Versailles.

Dans les années suivantes, il reprend son bâton de pèlerin pour la paix et le mouvement socialiste à travers l'Europe. Son dernier voyage connu le mène à Lucerne, en 1938, pour une réunion du Bureau international de la paix. Henri La Fontaine est alors âgé de quatre-vingt-quatre ans.

La carrière de La Fontaine aurait pu être sagement tracée. À l'Athénée de Bruxelles, on le dit bon élève, appliqué, et il se distingue en langues et en mathématiques. Il sort en 1877 de l'Université libre de Bruxelles avec le titre de docteur en droit, et entre comme stagiaire dans des cabinets de renom : Bara, Picard, etc. Jusqu'à son décès, il se définit comme juriste et exerce sa profession d'avocat conjointement à ses engagements militants.

Peut-être sa fortune plus que confortable lui autorise-t-elle une liberté importante ? Essentiellement constituée de propriétés établies en Hollande, elle sera également la cause, à partir des années 1930, d'une source d'angoisse pour La Fontaine. La mauvaise rentabilité des actifs ainsi que l'état de santé de sa femme ne l'autorisent pas à un second exil en 1940[39]. Il reste que La Fontaine a toujours entretenu un rapport serré à l'argent ; il n'est pas de ceux qui l'étalent au grand jour. Sa maison est bourgeoise, son piano excellent, la peinture *En écoutant Schumann* de Khnopff accrochée au mur, mais il défaille au moindre gaspillage, à la plus petite dépense qu'il juge inconsidérée. Il n'est

---

Émile Cartier de Marchienne (1871-1946) : diplomate belge alors en poste en Chine. Il sera nommé en 1917 aux États-Unis, puis dans les Antilles et enfin à Londres de 1927 à sa mort.

Paul Hymans (1865-1941) : député libéral, il sera nommé une première fois ministre en 1916 et participera avec La Fontaine à la Conférence de la paix à Versailles en 1919.

Lettre d'Henri La Fontaine à Léonie, janvier 1916 (HLF071-3).

Idem, 2 août 1916.

Au sujet de sa formation et de sa fortune, voir Daniel LEFEBVRE et Suzanne LECOCQ, « Une personnalité aux multiples facettes », *op. cit.*, p. 15-30.

Congrès de l'Union internationale des avocats tenu à Luxembourg en 1931, auquel participe Henri La Fontaine participe (premier rang)

pas rare qu'il faille lui réclamer diverses cotisations plusieurs années de suite. Sa passion pour la musique n'en est pas exempte puisqu'il écrit : c'est « le plus agréable de tous les bruits, mais aussi le plus coûteux[40] ».

Henri La Fontaine est un homme de paradoxes. Franc-maçon, anticlérical, il n'hésite pas à accepter les invitations de très nombreuses obédiences religieuses lors de son séjour aux États-Unis. Propagandiste actif de la crémation en Belgique, il refuse de compléter à titre personnel les documents nécessaires et est donc enterré aux côtés de Mathilde.

Cet homme de conviction occupa ses derniers mois à vivre au ralenti dans sa maison de Bruxelles, terrassé par la solitude et la guerre : « Ni ma femme ni moi n'avons mérité un sort pareil à celui qui nous torture physiquement et moralement. Et c'est ainsi qu'on arrive au doute absolu[41]. »

[40] Notes sur les conférences relatives à la musique (HLF132).

[41] Henri La Fontaine, Avoirs en Hollande, 3 septembre 1940 (HLF127).

Lettre d'Henri La Fontaine à H. L. Philips, 11 mai 1933*

« […] Nous vivons vraiment une époque de folie et qui témoigne éloquemment de la bêtise des hommes qui ont prétendu gérer les intérêts de l'humanité et qui en fait ne se sont préoccupés que d'empocher à leur profit personnel la plus grande part du produit du labeur humain. Et voici qu'ils ont mené le monde à cette situation paradoxale de voir une minorité, infime, maîtresse des richesses incommensurables de la terre, disposer d'une part d'un outillage gigantesque capable de satisfaire les besoins les plus exagérés des peuples, tandis que d'autre part les usines sont au ralenti ou à l'arrêt, les banques sous la menace de la faillite, les classes moyennes ruinées, les masses profondes réduites au chômage et à la détresse. Résultat insensé d'un égoïsme individuel féroce. De grands génies en vérité les capitaines de la finance et de l'industrie ? […] »

* Mundaneum, Papiers personnels d'Henri La Fontaine, boîte 127

Henri La Fontaine, sans date

La situation actuelle et la Paix

Samedi 3 septembre 1938, à 20 h 30, dans la Salle du Grand Conseil

Bahnhofstrasse 15 (Regierungsgebäude)

Manifestation en faveur de la Paix

Orateurs:

MM. Schultheiss J. WISMER	Président du Conseil d'Etat
H. LA FONTAINE	Prix Nobel, Anc. Vice-président du Sénat de Belgique
Guglielmo FERRERO	Professeur à l'Université de Genève
L. QUIDDE	Prix Nobel, Anc. Député au Reichstag
Lucien LE FOYER	Anc. Député de Paris
Sir Herbert DUNNICO	Ex-Deputy-Speaker (Londres)
Melle Augusta ROSENBERG	(Budapest) Président du Groupe hongrois de la Ligue int. des femmes
W. LYPACEWICZ	Anc. Député (Pologne)
Marc SANGNIER	Anc. Député (Paris)
Louis CARTIER	Président de l'Ass. Genevoise pour la S. d. N.

La manifestation sera terminée à 22 h 30.   • Entreé libre

KELLER & Co., S.A., LUCERNE.

Conclusion

Pierre Galand (Centre d'action laïque) et Henri Bartholomeeusen (Fondation Henri La Fontaine)

On aimerait commencer par dire merci. Merci à tous ceux qui, comme Henri La Fontaine, ont œuvré toute leur vie pour la cause de la paix, ce qui demande une dose admirable de conviction, d'espérance et d'obstination. Il n'est qu'à voir les résultats obtenus : la guerre reste présente quotidiennement dans les journaux et, hélas, sur le terrain. Face à ce constat navrant, on peut adopter deux attitudes : celle de se dire « à quoi bon, la folie des hommes est inépuisable » ou, à l'opposé, « qu'est-ce que ce serait si des utopistes ne s'opposaient de toutes leurs forces à la poursuite de la guerre ». La seconde attitude est plus encourageante. Certes, les pacifistes ne sont pas parvenus à éradiquer la guerre. Mais au moins l'ont-ils atténuée, en ont codifié l'horreur pour l'amoindrir, ont créé des garde-fous pour la retarder, voire l'empêcher là où c'était possible. L'option fataliste, nous la refusons de toutes nos forces. Même si les puissances guerrières affirment une volonté inébranlable de détruire pour mieux profiter, elles resteront toujours attentives à la voix des pacifistes – qui est aussi celle du peuple souverain. Lequel ne nourrit plus aujourd'hui la fierté de se battre et de « mourir pour la patrie ». Aujourd'hui, la fierté personnelle se place ailleurs – il ne nous appartient pas de dire si ce choix contribue au progrès de l'humanité lorsqu'il concerne le « quart d'heure de gloire warholien » ; toujours est-il qu'il tue moins de gens et suscite moins de vocations guerrières.

La paix que nous connaissons en Europe depuis soixante-sept ans en témoigne : le pacifisme a marqué des points et mérite nos vivats. Il est aussi une construction toujours inachevée, qui impose que quelqu'un ramasse les outils des mains de ceux qui les ont déposés. C'est sans doute aussi le sens du prix Nobel de la paix que de rappeler, au moins une fois l'an, que des femmes et des hommes comme La Fontaine consacrent leur vie à sauver celle des autres, par idéal et par conviction.

À cet égard, il faut remarquer que la dernière proclamation des Nobel a couronné conjointement trois femmes : Ellen Johnson Sirleaf[1], Leymah Gbowee[2] et Tawakkul Karman[3]. Cette reconnaissance, certes tardive mais effective, du rôle des femmes

Tract annonçant une manifestation pacifiste à Zurich, à laquelle participent plusieurs pacifistes éminents, dont Henri La Fontaine, 1938

---

[1] Présidente de la République du Libéria, première femme élue au suffrage universel à la tête d'un État africain.
[2] Militante libérienne pour la paix en Afrique.
[3] Activiste yéménite de défense des droits de la femme.

dans la paix mondiale est également le fruit d'un combat à la pointe duquel Henri La Fontaine fut présent toute sa vie : celui de l'égalité des sexes et l'ébauche du combat féministe. Inspiré par son attachement aux milieux précarisés, là où l'asservissement de la femme à l'homme prend son tour le plus affligeant, il a rapidement compris que féminisme et pacifisme étaient des notions complémentaires. Les liens très solides qu'il tissa, notamment, avec l'Alliance belge des femmes pour la paix et la Ligue belge du droit des femmes qu'il contribua à créer, allaient servir de brise-tabou et changer le regard de la société sur l'émancipation féminine.

Quelle paix voulons-nous ?

Le dernier des 27 principes de la Déclaration du sommet de la Terre de Rio (1992) dit ceci : « La paix, le développement et la protection de l'environnement sont interdépendants et indissociables ; les règles environnementales doivent être respectées même en temps de guerre et pour les populations occupées ou opprimées. Les différends d'ordre environnemental doivent être résolus pacifiquement. » Comme souvent, ce type de résolution reste lettre morte. Car au-delà du slogan, où est la dynamique de mouvement ? Les principes, tout le monde s'en fiche. L'exemple de l'action est beaucoup

> « L'humanité est une société de libres peuples, de peuples conscients de leurs devoirs et de leurs obligations et admis à la jouissance égale des mêmes imprescriptibles droits. Les peuples ont avant tout le droit inhérent et incontestable de disposer librement d'eux-mêmes et leur devoir le plus vital est de s'unir en une collectivité mondiale pour l'accomplissement de leur volonté de vivre. »

Henri La Fontaine, extrait d'un texte dactylographié, écrit probablement durant la Première Guerre mondiale (Mundaneum, Papiers personnels d'Henri La Fontaine, boîte 150, dossier 3)

plus mobilisateur. Sachons, par nos actes, rendre à Henri La Fontaine l'hommage qu'il mérite. C'est au pied du mur que l'on voit le maçon.

Les humanistes ont un rôle à jouer et le devoir de l'accomplir. En prônant l'égalité et l'émancipation de la personne et des peuples, le respect mutuel, la tolérance, la fraternité, la solidarité et la prééminence du droit et du bien commun sur les intérêts particuliers, l'humanisme ne saurait envisager la réussite de son action sans un contexte de paix généralisée : paix sociale, paix religieuse, paix politique, conditions indispensables à l'égalité des chances face aux rigueurs de l'existence.

Or, même les religions, qui se réclament toutes de la paix, de la sagesse et de l'harmonie spirituelle, semblent se livrer une guerre perpétuelle. Certes, elles ne sont souvent que le prétexte tout trouvé pour opposer des peuples et justifier des conflits dont les intérêts sont ailleurs. Il n'en reste pas moins que l'on continue de tuer au nom de la religion partout dans le monde. Dans cette optique, la laïcisation de l'espace public s'impose comme une nécessité absolue pour envisager une société « tous admis » et où chacun est libre de penser ce qu'il veut, de croire ou de ne pas croire, sans que cela génère des conflits.

La Fontaine plaidait déjà, au début du XXe siècle, pour l'avènement d'un gouvernement mondial. Compte tenu des divisions exacerbées que notre monde connaît actuellement, on n'en imagine pas bien la faisabilité. Quel projet de société commun peuvent partager par exemple la Chine, l'Iran, le Bhoutan et le Brésil ? On n'ose pas imaginer les discussions qu'engendrerait chaque projet de loi... Il existe toutefois un lieu qui préfigure un tel gouvernement : les Nations unies. Encore une idée à laquelle La Fontaine ne fut pas étranger, lui qui appela de ses vœux la création d'une Société des Nations et défendit devant celle-ci ses idées pacifistes.

En l'absence de tout autre projet fédérateur, il nous appartient, à nous les légataires de la pensée d'Henri la Fontaine, de soutenir les Nations unies et d'en appuyer la légitimité. Et de brandir comme Constitution mondiale la charte des Nations unies et la Déclaration universelle des droits de l'homme.

En 1920, La Fontaine déclarait à la tribune de la SDN : « Une première question domine tout ce débat : qu'est-ce que la guerre ? La guerre, jusqu'à aujourd'hui – et j'appelle votre attention sur ce point –, était considérée comme une procédure judiciaire ; elle était entre les peuples ce que le duel judiciaire a été pendant des siècles entre les individus. Or, la pensée qui doit nous dominer ici, c'est que la guerre désormais, depuis le jour de l'armistice, est un crime et doit être punie au même titre que le duel.

La guerre, en effet, n'est pas une procédure judiciaire, c'est le droit que se sont arrogé les peuples d'être juges, parties et bourreaux dans leur propre cause. Cette idée, nous devons la chasser non seulement de notre droit national, mais aussi du droit international et toute nation qui aura recours à la guerre, même si sa cause est juste, devra être considérée comme commettant un crime⁴. »

Ce réquisitoire sans pitié contre la guerre – et contre l'oxymore de la « guerre juste » – devrait être gravé au fronton de tous les bâtiments officiels du monde, dans tous les livres d'histoire, dans le préau de toutes les écoles… Qui oserait encore aujourd'hui, à l'époque où les réactionnaires décomplexés mobilisent le temps d'antenne et les pages des journaux, défendre une telle vision de la guerre ? Il se ferait moquer, traiter d'irresponsable rêveur. Beaucoup voient encore dans la guerre le meilleur rempart pour préserver la paix ; *si vis pacem, para bellum*… Inéluctable, vraiment ?

La pensée dominante affirme que oui. À commencer par le Comité Nobel qui, le 9 décembre 2009, attribuait son prix pour la paix à Barack Obama, 44ᵉ président des États-Unis, « pour ses efforts extraordinaires en faveur du renforcement de la diplomatie et de la coopération internationales entre les peuples », selon le communiqué du jury du prix à Oslo. Sept jours plus tôt, Obama avait annoncé l'envoi de 30 000 soldats de plus en Afghanistan. *O tempora, O mores !* Dans son discours, Obama a bien montré l'esprit qui prévaut à ce sujet, appelant l'assemblée à reconnaître « la dure vérité » selon laquelle les conflits armés ne seront pas éradiqués « de notre vivant ». Si c'est le lauréat du Nobel qui le dit…

Ce serait trahir honteusement la mémoire d'Henri La Fontaine que de se rallier à cette capitulation. Car de tout temps, les avancées concrètes de nos sociétés furent le fait de femmes et d'hommes qui pensaient au-delà de l'évidence du quotidien. Des visionnaires, qui refusaient de se plier à la doxa dominante pour réfléchir plus loin, plus haut, plus fort. Soyons de ceux-là, nous qui à travers le présent ouvrage revendiquons un héritage dont bien peu d'entre nous, reconnaissons-le, méritent d'être porteurs.

Henri La Fontaine dans son bureau, 1932

Citation extraite du discours prononcé par Henri La Fontaine lors de la première Assemblée de la Société des Nations, lors de sa huitième séance plénière, le 20 novembre 1920.

« Déclaration d'interdépendance », texte dactylographié d'Henri La Fontaine datant probablement de la Première Guerre mondiale*

« L'humanité est comme la terre, est une, la terre, la commune demeure des hommes, possédée en commun par eux pour être gérée à leur commun profit et pour leur commun bonheur, et où nul homme ne peut être considéré comme un étranger parmi les hommes.

Il n'est aucune autre souveraineté que leur commune et inaliénable souveraineté. Tout pouvoir et toute autorité ont leur origine en leur volonté consciente. Celui qui gouverne ne tire son pouvoir et son autorité que du consentement des hommes et le gouvernement des Peuples doit être un gouvernement établi par les Peuples et pour les Peuples. Le plus haut devoir de ceux qui gouvernent est de servir, et leur pouvoir et leur autorité ne doivent être maintenus que s'ils agissent en fidèles et loyaux serviteurs de leurs collectivités et de l'humanité.

L'humanité est une société de libres peuples, de peuples conscients de leurs devoirs et de leurs obligations et admis à la jouissance égale des mêmes imprescriptibles droits. Les peuples ont avant tout le droit inhérent et incontestable de disposer librement d'eux-mêmes et leur devoir le plus vital est de s'unir en une collectivité mondiale pour l'accomplissement de leur volonté de vivre.

Mais il est impossible de songer à établir une collectivité mondiale si les mêmes principes de droit et de probité ne prévalent pas entre les peuples comme entre les individus. Justice doit être faite, pleine et impartiale justice, à chaque peuple comme à chaque homme. C'est pourquoi la guerre est la négation de la justice.

La guerre, le fait par un peuple d'agir comme partie, juge et bourreau dans sa propre cause, doit être flétrie comme un crime et le peuple qui à l'avenir prendra les armes devra être mis hors la loi. Le duel, le fait par un individu d'agir comme partie, juge et bourreau dans sa propre cause, a été flétri et puni comme un crime de par le monde entier. La guerre est un duel, un duel fait de millions de duels, de millions de crimes ; mais la guerre est plus que cela, elle est un crime fait de tous les crimes combinés aux auteurs desquels l'humanité inflige les plus sévères pénalités : meurtre, incendie, viol, empoisonnement, brigandage, vol, crimes imposés à des hommes, qui ne sont pas des criminels, comme le plus sacré des devoir !!! »

* Mundaneum, Papiers personnels d'Henri La Fontaine, boîte 150, dossier 3

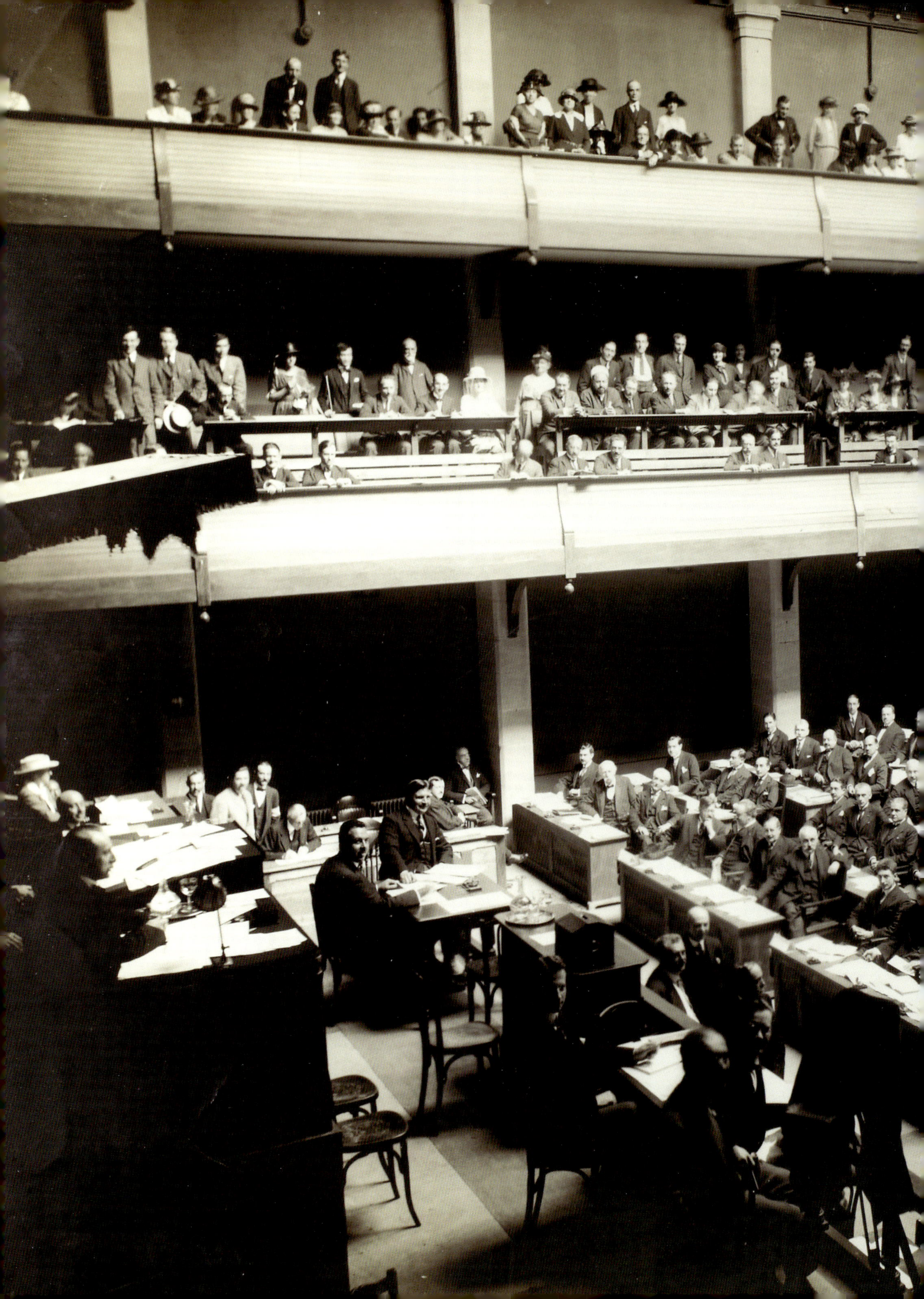

Discours prononcé par Henri La Fontaine lors de la première Assemblée de la Société des Nations, lors de sa huitième séance plénière, le 20 novembre 1920

Messieurs, vous excuserez un vétéran de l'idée dont cette Assemblée est l'aboutissement, de vous dire l'émotion profonde qu'il a ressentie en pénétrant dans cette salle. L'idée qui est enfin une réalité date de loin et mes premières paroles doivent être des paroles de reconnaissance envers ceux qui ont lutté en des temps où nul ne voulait croire à la possibilité d'une Société des Nations, ses précurseurs lointains, St. Pierre, Rousseau, Kant, et les pionniers qui, depuis un siècle, se sont réunis dans des Assemblées nombreuses, Elihu Burrit, le forgeron poète, Ladd, Bright, Victor Hugo, Frédéric Passy, Randolph Cremer, Moneta, Richter, Bertha von Suttner, Novicow, Jan de Bloch, Élie Ducommun, Gobat – et j'en oublie – et également les hommes qui, à la fin du siècle dernier, venus de tous les parlements du monde, ont délibéré dans les Conférences de l'Union parlementaire. Je veux aussi envoyer mon salut aux deux survivants de cette élite du passé, à Darby en Angleterre et à Bayer, au Danemark.

Si, en rentrant dans cette salle, j'ai ressenti l'émotion que je vous disais, j'y suis entré également avec une certaine inquiétude ; j'ai la joie cependant de pouvoir dire que cette inquiétude s'est dissipée.

Cette Assemblée se trouvait, en effet, devant un double danger : être purement diplomatique ou purement parlementaire. L'événement prouve qu'une atmosphère nouvelle l'enveloppe et va influencer ses délibérations. Elle n'est plus diplomatique au sens propre du mot, parce que nous n'avons plus à délibérer sur des intérêts nationaux dirigés les uns contre les autres, nous efforçant d'arriver à des transactions. D'autre part, nous ne sommes pas non plus des parlementaires, parce que nous ne représentons pas ici des partis, nous ne luttons plus pour des idées comme celles pour lesquelles nous luttons à l'intérieur de nos nations. Nous sommes ici l'humanité qui délibère avec elle-même, et nous sommes forcés, malgré nous, heureusement, de délibérer sur des intérêts généraux et communs à l'humanité tout entière.

Le seul reproche que je veuille faire au rapport actuellement en discussion, est que la vision de ce que doit être notre Assemblée n'apparaît pas au travers de ce rapport de conseil d'administration énumérant les faits dans toute leur sécheresse.

Première Assemblée générale de la Société des Nations, Genève, 1920

Ce n'est pas à dire que, comme les orateurs qui m'ont précédé, je n'admire ce qui a été réalisé, les questions nombreuses et difficiles abordées et résolues, marquant la vie intense de la Société des Nations, alors qu'elle n'était encore qu'un faible organisme. C'est pour nous l'assurance que l'œuvre qui se fait ici est perpétuelle et qu'elle survivra, malgré tous les pronostics contraires.

Deux points doivent fixer notre attention : ce sont les seuls dont je désire vous entretenir. Deux problèmes, en effet, dominent en ce moment la situation mondiale, le problème économique et le problème des armements.

Le problème économique n'a pas retenu l'attention du Conseil pendant les dix mois qui ont précédé la réunion de cette Assemblée. Le Conseil a été frappé surtout par ce qu'on peut appeler les phénomènes secondaires, les phénomènes financiers ; il ne s'est pas attaqué au problème essentiel. La Conférence financière de Bruxelles s'est bien vite aperçue que le problème financier n'englobe pas l'ensemble des difficultés devant lesquelles le monde se trouve placé, et, dans les discours qui ont été prononcés à cette occasion, il a été signalé que le pont de vue économique aurait dû être inscrit au programme de cette réunion.

Vous êtes appelés aujourd'hui à organiser une commission permanente voire même un organisme aussi important probablement que l'organisme du travail, pour examiner les problèmes économiques. Je voudrais, en quelques mots, vous dire comment mes amis et moi envisageons ce problème énorme.

Pour nous, la terre est un territoire unique, habité par une humanité unique, humanité qui doit tirer de ce territoire tous les éléments nécessaires à son développement moral et matériel. Le malheur – peut-être le bonheur – a fait que ce territoire ne possède pas, en tous lieux, tous les éléments nécessaires à notre vie économique ; les matières premières sont réparties dans le monde d'une façon qui semble désordonnée ; certains contrées produisent le coton, d'autres le lin ; tel pays a de la houille, tel autre du fer, de l'étain ou du cuivre.

Chacune des nations qui occupent ces territoires divers s'imagine qu'elle a, sur les biens naturels que produit son sol ou qui se trouvent dans son sous-sol, des droits réservés à elle seule, qu'elle est en quelque sorte propriétaire de ces éléments.

Cette idée, nous devons nous efforcer de la chasser de nos esprits. Ces produits servent à l'humanité tout entière et doivent être à la disposition de l'humanité tout entière dans les conditions d'égalité aussi parfaites que possible. C'est là le principe sur lequel nous devons construire le monde de demain.

Mais le problème économique n'est pas seulement un problème de matières premières : c'est le problème de la transformation des matières premières, de leur circulation et de leur répartition. À ce point de vue, nous sommes appelés à examiner certaines de ces questions. Celle de la production a été prise en mains par l'organisme du travail ; le problème de la circulation fera l'objet de l'étude d'un autre organisme ; restera la répartition, qu'il faudra confier à cette commission spéciale dont la création est actuellement demandée.

Je passe maintenant à l'autre problème, celui qui, tout autant que le premier, inquiète en ce moment tous les peuples de la terre. Il est évident que, si la vie chère dont nous souffrons tous attire sur nos travaux l'attention de tous les hommes dans n'importe quel pays, le problème du désarmement les préoccupe tout autant. La situation actuelle est vraiment tragique à cet égard. Quand on songe à ce qui a été dit et répété pendant tout le cours des terribles années que nous avons vécues, que la guerre allait mettre fin à la guerre, quand on aperçoit ce qui se passe, le développement des charges militaires dans tous les pays, plus énormes, plus coûteuses, plus pesantes que jamais, la solution que nous devons trouver à n'importe quel prix, c'est que le monde soit soulagé de ce point écrasant. Ce ne sont pas les pacifistes qui demandent aujourd'hui que cette solution intervienne, ce sont les économistes et les financiers. C'est de Bruxelles que l'appel nous est adressé.

Désarmement ! Je pense qu'il faut dire franchement aux peuples que l'heure n'est pas encore venue, et ceux qui ont rédigé le Pacte de Paris l'ont parfaitement bien compris, puisque, dans l'article qui traite de cette question, il n'est parlé que de réduction des armements, réduction qu'il faut porter au maximum.

Si l'on examine ce problème et que l'on réfléchit la situation actuelle, on se rend compte que cette réduction n'est possible qu'à une condition : nous faire de la force publique de demain une idée tout à fait différente de celle qui nous reste du passé.

Une première question domine tout ce débat : qu'est-ce que la guerre ? La guerre, jusqu'à aujourd'hui – et j'appelle votre attention sur ce point –, était considérée comme une procédure judiciaire ; elle était entre les peuples ce que le duel judiciaire a été pendant des siècles entres les individus. Or, la pensée qui doit nous dominer ici, c'est que la guerre désormais, depuis le jour de l'armistice, est un crime et doit être punie au même titre que le duel.

La guerre, en effet, n'est pas une procédure judiciaire, c'est le droit que se sont arrogés les peuples d'être juges, parties et bourreaux dans leur propre cause. Cette idée, nous devons la chasser non seulement de notre droit national, mais aussi du droit international et toute nation qui aura recours à la guerre, même si sa cause est juste, devra être considérée comme commettant un crime.

Dans ces conditions, va-t-on supprimer la force publique ? Comme je vous l'ai déjà dit, il y a quelques instants, le désarmement n'est pas possible. Nous allons donc rester armés.

Mais l'armée sera simplement la force mise à la disposition du droit. On ne peut, en effet, concevoir le droit qu'appuyé par la force. Toutes les images symboliques qui représentent la justice ont en main la balance et le glaive. Le droit international doit pouvoir s'appuyer sur une force organisée, et l'idée qui doit dominer toute cette question, suivant moi, c'est que les armées des différents peuples doivent être constituées comme les éléments d'une armée internationale. À cet égard, il y a urgence pour notre Commission spéciale qui s'occupe des armées et des flottes navales et aériennes, à envisager le problème à ce point de vue. C'est seulement ainsi que la Société des Nations ne restera pas dans l'état d'impuissance où elle se trouve à l'heure actuelle.

J'arrive naturellement à ce drame terrible dont on nous a déjà parlé avec tant d'éloquence, et contre la continuation duquel Lord Robert Cecil s'est élevé en ardent protagoniste de la paix. L'Arménie se meurt, un peuple d'un million d'hommes va être détruit devant une Société des Nations qui comprend 41 États dont les armées se montent à des millions d'hommes et dont les navires de guerre sont là-bas à Constantinople, à deux pas de la place où ces malheureux sont assassinés[1]. (Applaudissements sur de nombreux bancs.)

Ce matin encore, notre délégation a reçu des appels désespérés et je suis convaincu qu'il en est de même de toutes les délégations.

Qu'arriverait-il si nous avions cet organisme militaire, ce front unique, toutes les armées à notre disposition ? Ce que les états-majors ont fait pendant la guerre, dans chacun de nos pays, ce qu'ils font aujourd'hui lorsqu'ils étudient les possibilités d'attaque des voisins, ne serait-il pas possible pour eux de le faire pour la Société des Nations, de manière qu'à l'heure du danger la force, mise au service du droit, puisse se lever immédiatement et courir au secours de ceux qui sont les victimes d'un brigandage ou d'une barbarie d'un autre âge ?

Je me permets de suggérer l'idée, étant donné la situation réellement terrible dans laquelle se trouve ce malheureux pays, que quelques-uns d'entre nous soient chargés d'examiner immédiatement le problème et de rechercher ce qu'il serait possible de faire.

Quelle dépense une telle organisation peut-elle représenter ? Examinons le problème franchement. Quelques millions tout au plus ! Or, je prétends que le monde tout entier, que tous les pays qui sont représentés ici pourraient parfaitement, en se réunissant, trouver

---

[1] À ce moment se déroule la guerre arméno-turque. Le 23 septembre 1920, la Turquie organise une offensive contre l'Arménie pour s'opposer au traité de Sèvres (signé le 10 août 1920) définissant les frontières de l'Arménie et lui attribuant des territoires jusqu'alors inclus à l'Empire ottoman. La guerre se termine avec la défaite de l'Arménie et la signature, le 2 décembre, du traité d'Alexandropol. Cet accord entre les Soviétiques et les Arméniens définit l'Arménie comme une république socialiste soviétique.

ces quelques millions. D'après les nouvelles qui nous sont parvenues, ce sont surtout les cadres qui manquent aux troupes arméniennes. Or, des officiers des différents pays, j'en suis convaincu, seraient prêts à se rendre là-bas. Je pense surtout aux officiers qui appartiennent aux pays qui ont le moins souffert de la guerre car, évidemment, dans les pays où les souffrances ont dépassé tout ce que l'humanité a jamais vu, il se manifeste une lassitude légitime. Mais il y a de nombreux pays qui ont peu ou pas souffert et dont les fils pourraient se faire les soldats du droit.

La question financière n'existe pas davantage que la question militaire au point de vue technique. Le seul problème, c'est d'avoir la volonté, pour ceux qui sont ici, de faire cesser ce drame épouvantable. (Applaudissements.)

Et prenez garde. Si nous ne savons pas faire cet effort, ce sera un opprobre sur notre Assemblée et sur la Société des Nations.

Cette intervention prouverait que la Société des Nations est puissante, qu'elle a réellement derrière elle l'humanité tout entière et que c'est au nom de l'humanité tout entière qu'elle parle et qu'elle agit. Et si cela était fait, voyez de suite quelle force morale serait acquise à notre œuvre ! C'est réellement, comme disent les Anglais, l'« acid test », le témoignage marquant, frappant, de la puissance dont nous disposons, et, comme le disais Lord Robert Cecil il y a quelques jours – et c'est par là que je termine – de l'audace, Messieurs, encore de l'audace et toujours de l'audace ! (Applaudissements).

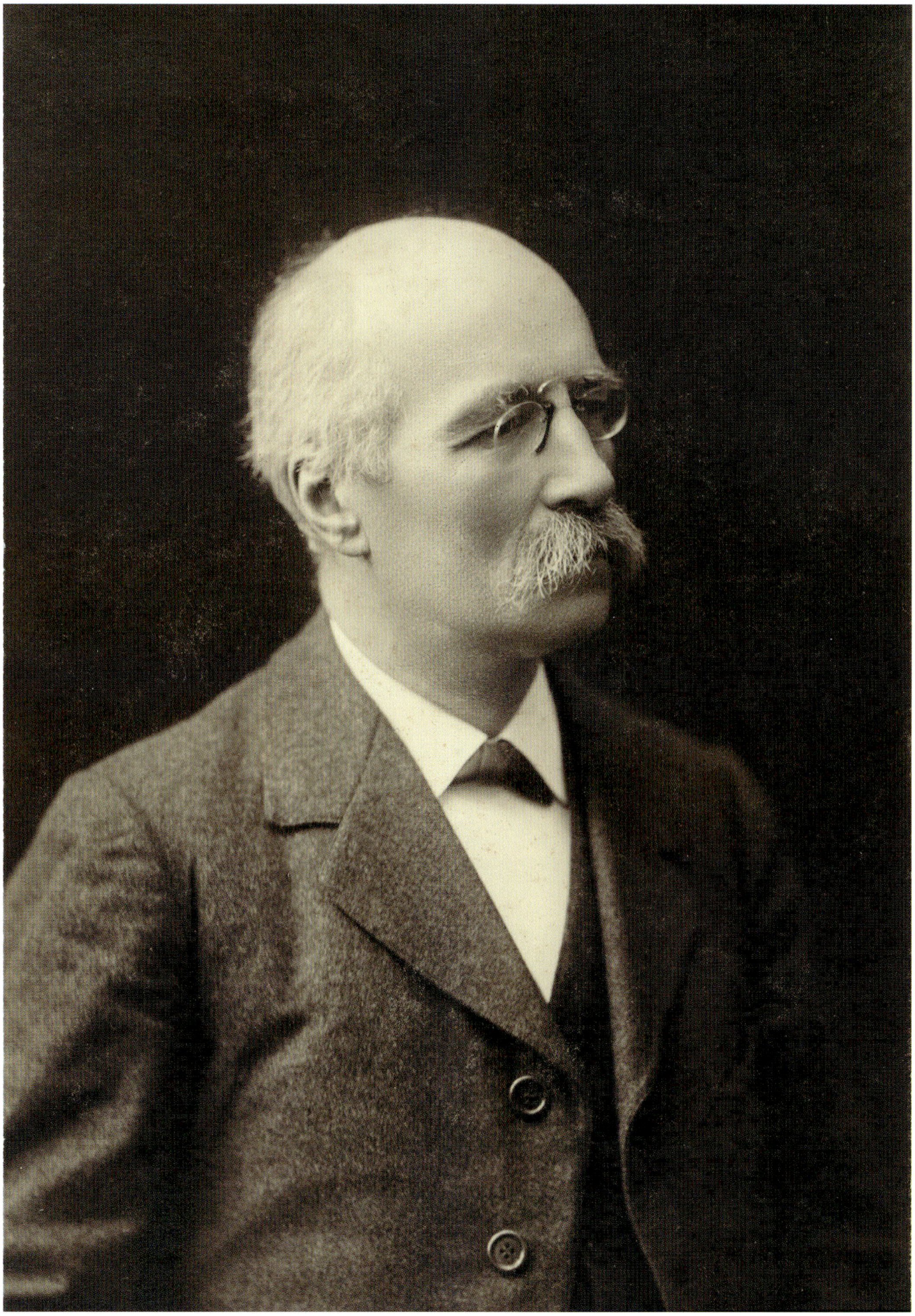

Repères chronologiques

1854

Naissance à Bruxelles le 22 avril, dans un milieu aisé de bourgeois cultivés, de tradition libérale. Les parents d'Henri La Fontaine, mariés en 1852, sont Alfred La Fontaine (1822-1882), qui mène une carrière dans l'administration des Finances, et Marie-Louise Philips (1826-1899), une femme cultivée possédant une fortune personnelle considérable constituée de terres agricoles et de pâturages situés aux Pays-Bas.

1857

Naissance le 2 octobre de Léonie La Fontaine, la sœur d'Henri. Féministe et pacifiste belge engagée sur la scène internationale, elle est active notamment au sein de la Ligue belge du droit des femmes, du Conseil national des femmes belges et de la Ligue internationale des femmes pour la paix et la liberté. Elle décède le 31 janvier 1949.

1873

Diplôme d'études secondaires obtenu à l'Athénée royal de Bruxelles, section des humanités.

1877

§ Diplôme de docteur en droit à l'Université libre de Bruxelles et inscription au barreau de Bruxelles. Henri La Fontaine entame une carrière d'avocat à la Cour d'appel de Bruxelles en accomplissant son stage chez Jules Bara, puis chez Auguste Orts et enfin chez Louis Leclerq.
§ Secrétaire général puis président de l'Association pour l'enseignement professionnel des femmes.

1878

Secrétaire d'Edmond Picard et collaborateur de ce dernier aux *Pandectes belges*, recueil juridique belge.

1879

Administrateur et trésorier de l'école professionnelle Bischoffsheim (Ville de Bruxelles), l'une des premières institutions laïques d'enseignement pour jeunes filles. Henri La Fontaine en sera plus tard le président du conseil d'administration (1919).

1880

Membre de l'Association libérale et Union constitutionnelle de l'Arrondissement de Bruxelles.

1881

Participation à la conférence internationale organisée à Bruxelles du 17 au 20 octobre par Hodgson Pratt, fondateur de l'*International Arbitration and Peace Association* en 1880, pour internationaliser et fédérer

Henri La Fontaine, sans date (photographie Stern, Bruxelles)

le mouvement en faveur de la paix et de l'arbitrage.

1882

§ Entrée en franc-maçonnerie ; initiation au grade d'apprenti par la loge des *Amis philanthropes* à Bruxelles.
§ Décès, au mois d'août, d'Alfred La Fontaine, le père d'Henri La Fontaine.

1883

§ Constitution du Club alpin belge. Henri La Fontaine en devient un membre très actif. Il y rencontre Émile Vandervelde.
§ Passage du grade d'apprenti au grade de compagnon dans la loge *Les Amis philanthropes* à Bruxelles.

1884

§ Initiation aux idées pacifistes par Auguste Couvreur, qui le présente à Hodgson Pratt.
§ Maître dans la loge *Les Amis philanthropes* à Bruxelles.

1885

§ Publication d'un traité juridique intitulé *Les Droits et les obligations des entrepreneurs de travaux publics*. Henri La Fontaine y expose l'état de la législation sur le travail.
§ Publication d'un récit de voyage, *Autour du Titlis*, sous forme de tiré-à-part.
§ Publication de la traduction en prose rythmée du premier acte de la *Walkyrie*, *L'Anneau du Nibelung* et du *Crépuscule des dieux* de Richard Wagner. Henri La Fontaine y a travaillé de 1874 à 1876 mais n'a pu la publier en raison de la campagne anti-wagnérienne alors assez virulente.
§ Première lettre à Mathilde Lhoest, qu'il épousera en 1903.
§ Création du Parti ouvrier belge (POB). Henri La Fontaine le fréquente dès ce moment.

1886

§ Vice-président du Club alpin belge. Publication de récits d'excursions dans la revue du club.
§ Publication d'un récit de voyage, *De Suse à Liverogne*, sous forme de tiré-à-part.
§ Publication d'une plaquette de vers intitulée *Premières rimes*, signée « Moi ».

1887

Publication d'un récit de voyage, *Un ouragan au Mont-Rose*, sous forme de tiré-à-part.

1888

§ Publication, en collaboration avec Xavier Olin, d'un traité juridique intitulé *La Contrefaçon*.
§ Publication d'un récit de voyage, *Du brouillard. Excursion dans les Alpes Grées*, sous forme de tiré-à-part.

1889

§ Participation, avec Hodgson Pratt et Auguste Couvreur, à la création de la Société belge de l'arbitrage et de la paix, section belge de la Fédération internationale de l'arbitrage et de la paix (fondée à Londres par Hodgson Pratt en 1880), dans le but de fédérer le mouvement en faveur de la paix et de l'arbitrage. Il en sera le secrétaire et la cheville ouvrière jusqu'en 1914.
§ Création du Cercle des étudiants et anciens étudiants socialistes par Louis de Brouckère et Émile Vandervelde. Henri La Fontaine y adhère dès sa création. Il défendra le programme de cette association tout au long de sa carrière politique.
§ Publication de la première bibliographie consacrée

à l'alpinisme (il s'agit du premier essai bibliographique d'Henri La Fontaine) : *Projet de bibliographie universelle des ascensions alpines.*

1890

§ Création par Auguste Couvreur de la Société d'études sociales et politiques dont l'objectif est notamment de favoriser la création des États-Unis d'Europe. Henri La Fontaine en est le secrétaire, il dirige la section bibliographique et est l'un des principaux animateurs de la section de législation comparée.
§ Rencontre avec Paul Otlet, avec qui Henri La Fontaine se lie d'amitié. Ils ont en commun leur intérêt pour la bibliographie et partagent des conceptions pacifistes et internationalistes.

1891

§ Président du Club alpin belge pour l'exercice 1891-1892.
§ Président du Cercle des étudiants et anciens étudiants socialistes.
§ Participation à la création et à l'animation de la Section d'art et d'enseignement de la Maison du Peuple de Bruxelles.
§ Présidence, à la demande d'Émile Vandervelde, du premier Congrès international des étudiants socialistes qui se tient à la Maison du Peuple de Bruxelles. Henri La Fontaine y mène des discussions sur le collectivisme, la législation du travail et la promotion de la paix.
§ Publication d'*Essai de bibliographie de la paix.*

1892

§ Participation à la fondation de la Ligue belge du droit des femmes (LBDF), première association féministe structurée en Belgique, créée à l'initiative de Marie Popelin et de Louis Frank. Henri La Fontaine en est le secrétaire.
§ Membre du Bureau international de la paix (BIP). Le BIP organise les Congrès universels de la paix auxquels Henri La Fontaine participera de manière active jusqu'à la fin de sa vie.
§ Professeur de droit international à l'Université libre de Bruxelles.

1893

§ Codirecteur, avec Paul Otlet, de la section bibliographie de la Société d'études sociales et politiques, qui devient l'Institut international de bibliographie sociologique.
§ Conférences à l'extension universitaire (ayant pour but de diffuser la culture scientifique basée sur les principes du libre examen) de l'Université libre de Bruxelles.
§ Cofondateur et rédacteur au journal *La Justice*, organe du groupe radical extrême (constitué sous la forme d'une société coopérative). Rédaction d'articles évoquant la situation politique et les questions touchant à la législation du travail ou à l'obtention du suffrage universel.
§ Représentant de la coopérative La Justice au Congrès de l'Internationale ouvrière et socialiste de Zurich. Participation aux travaux de la Commission Démocratie socialiste et guerre.
§ Président du Comité régional de Bruxelles de l'Alliance scientifique universelle (Paris).
§ Coorganisateur, le 26 février, avec Paul Janson, au sein du Parti libéral progressiste, du référendum à Bruxelles sur le suffrage universel et unique à 21 ans. Pour promouvoir cette action, un journal, *Le Référendum*, est créé.

1894

§ Membre du comité organisateur de l'Université nouvelle.
§ Affiliation officielle au POB. Membre du conseil d'administration de la

Maison du Peuple de Bruxelles. Jusqu'en 1914, Henri La Fontaine jouera un rôle important dans son développement.

§ Publication d'une bibliographie des sciences sociales.

§ Discours tenus dans la loge *Les Amis philanthropes* sur la condition de la femme dans la société et le souhait que des femmes soient initiées. Le Vénérable Maître Léon Furnémont promet d'entretenir le Grand Orient de la proposition d'Henri La Fontaine.

§ Création, par les trois principaux animateurs de *La Justice*, Henri La Fontaine, Guillaume de Greef et Louis Furnémont, de la Société fabienne belge dans le but d'étudier les questions économiques.

§ Participation au Congrès maçonnique international qui se tient à Anvers au mois de juillet. Henri La Fontaine y prononce un discours en faveur de la création d'une fédération internationale maçonnique.

§ Congrès universel de la paix à Anvers du 29 août au 1er septembre : Henri La Fontaine y présente un projet de traité d'arbitrage international obligatoire avec une cour permanente d'arbitrage.

1895

§ Organisation, à Bruxelles, de la première Conférence internationale de bibliographie et création, avec Paul Otlet, de l'Institut international de bibliographie, au sein duquel Henri La Fontaine occupe la fonction de trésorier.

§ Accession au Sénat pour la session législative de 1894-1895. Henri La Fontaine remplace Jules Bufquin des Essarts en tant que sénateur provincial coopté du Hainaut. Il sera sénateur jusqu'en 1935 malgré quelques interruptions dans ses mandats, qui vont de 1898 à 1899 et de 1932 à 1935. Il occupera les fonctions de secrétaire et de premier vice-président du Sénat. Dès son entrée au Sénat, il est membre de la Commission des Affaires étrangères de l'institution.

§ Membre de l'Union interparlementaire. Henri La Fontaine participe dès lors aux Conférences interparlementaires.

§ Participation importante à l'adaptation française de la Classification décimale de Melvil Dewey.

1897

Publication de l'essai intitulé *Le Collectivisme*, qui connaît une certaine diffusion en Belgique. Henri La Fontaine y partage les convictions collectivistes qui traversent l'Internationale socialiste.

1898

Publication d'*Éléments d'économie politique* à Bruxelles.

1899

§ Action de sensibilisation à la paix, menée avec sa sœur Léonie lors de la commémoration de la Journée de la paix.

§ Participation à la première Conférence de la paix de La Haye.

§ Décès de Marie-Louise Philips, la mère d'Henri La Fontaine.

1900

§ Élection au Sénat pour le Conseil provincial de Liège.

§ Participation de l'Office international de bibliographie, qui y reçoit une distinction, à l'Exposition universelle de Paris.

1901

§ Publication de *La Femme et le barreau*. Henri La Fontaine défend à plusieurs

reprises devant ses confrères avocats l'ouverture du barreau aux femmes.
§ Adhésion à la Ligue des droits de l'homme, créée la même année.

1902

§ Publication d'un récit de voyage, *Rhin et Rhône*, sous forme de tiré-à-part.
§ Publication à Berne de la *Pasicrisie internationale, 1793-1900. Histoire documentaire des arbitrages internationaux*. Il s'agit d'un recueil de documentation sur 368 cas d'arbitrage, qu'Henri La Fontaine écrit pour aider l'Union interparlementaire à avoir une meilleure connaissance de la procédure arbitrale.
§ Militance pour la modification du service militaire. Henri La Fontaine propose un dispositif dérivé de la Nation armée, préconisant, afin d'éviter l'entretien d'une armée permanente, que chacun effectue un service militaire prolongé qui peut se dérouler par intermittence sur plusieurs années.

1903

Mariage avec Mathilde Lhoest (1864-1941). Cette dernière appartient à une famille aisée, son père est administrateur-gérant de la Compagnie des papiers peints de Liège et de la Papeterie royale de Maastricht. Henri La Fontaine entretiendra avec elle une relation harmonieuse.

1904

§ Création à Bruxelles de l'Association internationale pour le contrôle des informations et nouvelles (Potentia). Henri La Fontaine est membre du comité belge.
§ Conseiller communal à la Ville de Bruxelles. Henri La Fontaine le sera jusqu'en 1908.
§ Participation à l'*International Congress of Arts and Science* qui se tient à St. Louis ; membre de la section A (droit international) du département 21 (jurisprudence). Henri La Fontaine y expose un mémoire intitulé *État présent et futur du droit international*.
§ Rencontre avec Melvil Dewey à Boston (où se tient le Congrès universel de la paix en 1904).

1906

§ Membre du conseil général du Parti ouvrier belge (POB).

1907

§ Président du Bureau international de la paix. Henri La Fontaine occupera cette fonction jusqu'à sa mort en 1943.
§ Création, avec Paul Otlet, de l'Office central des associations internationales (qui deviendra en 1910 l'Union des associations internationales).
§ Membre du premier conseil d'administration de la coopérative La prévoyance sociale (POB), qui a la vocation d'offrir aux ouvriers des services en assurances. Henri La Fontaine joue un rôle essentiel dans le développement des activités de la coopérative, au sein de laquelle il sera actif jusqu'en 1939.
§ Secrétaire du Bureau du Sénat pour la session 1907-1908. Henri La Fontaine le restera jusqu'en 1919.
§ Publication de la première édition en français de la Classification décimale universelle (CDU), œuvre collective à laquelle Paul Otlet et Henri La Fontaine ont pris une part importante.
§ Participation à la deuxième Conférence de la paix de La Haye.
§ Participation au Congrès extraordinaire de l'Internationale socialiste et aux travaux de la commission qui traite du Congo. Henri La Fontaine croit,

tout comme Jean Jaurès, à la gestion internationale des colonies.

1908

§ Vénérable Maître des *Amis philanthropes* (jusqu'en 1911).
§ Publication, avec Paul Otlet, d'un texte sur l'organisation internationale de la documentation : *L'État actuel des questions bibliographiques et l'organisation internationale de la documentation.*

1909

§ Collaboration aux travaux de l'Institut international de sociologie.
§ Président du groupe socialiste au Sénat.

1910

§ Organisation à Bruxelles, avec Paul Otlet, du Congrès mondial des associations internationales à l'occasion duquel l'Office des associations internationales devient l'Union des associations internationales et où le Musée international est inauguré dans le cadre de l'Exposition universelle de Bruxelles. Après l'incendie qui dévaste le site de l'exposition, des salles du Palais du Cinquantenaire sont octroyées à ce Musée international.
§ Participation au Comité belge pour le progrès de la législation du travail, section belge de l'Association internationale pour la protection légale des travailleurs basée à Bâle.
§ Publication, en collaboration avec Louis Masure, de la *Bibliographia Economica Universalis*, paraissant chaque mois dans la *Revue économique internationale*.
§ Publication de la *Bibliographie de la paix.*
§ Membre de l'Institut de droit comparé.
§ Participation à la Conférence maçonnique internationale qui se tient à Bruxelles. Henri La Fontaine y prononce un discours sur l'organisation pacifique du monde.

1911

§ Publication par l'*American Association for International Conciliation* (New York) du projet de charte mondiale d'Henri La Fontaine, intitulé : *The Existing Elements of a Constitution of the United States of the World.*
§ Création par le POB de la Centrale d'éducation ouvrière. Henri La Fontaine y donne des cours, principalement sur la situation internationale et sur l'économie politique. À la fin des années 1920, étant en désaccord avec les méthodes pédagogiques d'Henri De Man, ce sera de moins en moins fréquent.
§ Délégué du Grand Orient de Belgique au Congrès maçonnique international de Rome.

1912

§ Participation aux conférences du Conseil parlementaire du commerce. Henri La Fontaine fait partie de la délégation permanente belge du conseil général aux côtés du baron Édouard Descamps et de Louis Franck.
§ Cofondateur du *Droit humain*, la première obédience mixte en Belgique.

1913

§ Prix Nobel de la paix récompensant l'action menée par Henri La Fontaine, notamment au sein du Bureau international de la paix et de l'Union interparlementaire.
§ Nomination au sein de la Commission des XXXI pour l'étude de la réforme électorale, mise en place après la grève générale menée en faveur du suffrage universel. Henri La Fontaine y défend ses convictions d'égalité pour tous, prône le vote à 21 ans pour tous les hommes (alors qu'il est

fixé à 25 ans) et préconise l'instauration de référendums pour que chacun puisse exprimer son opinion.

§ Participation au Congrès international maçonnique de La Haye. Henri La Fontaine intervient au nom des maçons belges dans les discussions entre les Français et les Allemands, cherchant à rétablir la bonne entente pour préserver la paix internationale.

§ Collaboration à la fondation de la Ligue universelle des francs-maçons (LUF) ou Ligue internationale de francs-maçons (LIF), organisme autonome, sans lien institutionnel avec les obédiences, qui regroupe les francs-maçons à titre individuel. Dans les années 1930, Henri La Fontaine en présidera le Groupe d'action pratique pour la paix.

§ Mise sur pied de la Délégation permanente des Sociétés belges de la paix, qui représente les diverses tendances politiques et philosophiques du pays mais dont l'œuvre de propagande en faveur de la paix est à peine ébauchée avant d'être réduite à néant par la Première Guerre mondiale.

§ Représentant du Comité belge pour le progrès de la législation du travail à la Conférence officielle de l'Association internationale pour la protection légale des travailleurs.

§ Organisation du premier Congrès national de la paix qui se tient à Bruxelles les 8 et 9 juin.

1914

§ Cofondateur et Vénérable Maître de la loge *Albert I*er créée par les francs-maçons réfugiés en Angleterre. Henri La Fontaine le restera jusqu'à la fin de la guerre, malgré son départ pour les États-Unis en 1915.

§ Publication d'un texte intitulé *Ce que les pacifistes auraient à dire*.

§ Convocation d'urgence, le 31 juillet, par télégramme envoyé en tant que président du Bureau international de la paix, de tous les représentants des principales sociétés de la paix d'Europe. En vingt-quatre heures, une centaine de pacifistes affluent à Bruxelles.

§ Départ pour Londres le 7 septembre. Henri La Fontaine y participe au *Belgian Rapatriation Fund* fondé pour aider les Belges à retourner en Belgique une fois la guerre terminée, et à la Commission d'enquête sur la violation des règles du droit des gens, qui siège à Londres à partir de ce moment.

1915

§ Représentant, aux côtés d'Émile Vandervelde, de la Belgique en qualité de délégué du Bureau socialiste international à la première Conférence interalliée qui se déroule à Londres le 14 février.

§ Exil aux États-Unis (au mois d'avril) pour tenter d'unifier les sociétés de la paix et l'Internationale socialiste. Henri La Fontaine y mène un important travail de propagande (cours, conférences) jusqu'en décembre 1918, parcourt le pays de la côte Est à la côte Ouest, visitant New York, Washington, Detroit, Chicago, San Francisco et Los Angeles.

1916

Publication, à Boston (par la *World Peace Foundation*), d'un des livres majeurs d'Henri La Fontaine : *The Great Solution. Magnissima Charta. Essay on Evolutionary and Constructive Pacifism*. Il y expose un projet de gouvernement mondial, doté d'un parlement, d'un conseil administratif, d'un secrétariat permanent et d'un système juridique complet devant assurer le règlement pacifique des différends internationaux.

1918

Retour vers l'Europe le 5 décembre.

1919

§ Conseiller technique de la Délégation belge à la Conférence de la paix de Paris qui aboutit au traité de Versailles et à la création de la Société des Nations.
§ Président du conseil d'administration de l'École professionnelle Bischoffsheim. Henri La Fontaine le restera jusqu'à la fin de sa vie.
§ Professeur à l'Institut des hautes études de Bruxelles (jusqu'en 1939).
§ Correspondant, et ce jusqu'en 1923, du journal *L'Indépendance belge*.
§ Vice-président du Sénat. Henri La Fontaine occupera cette fonction jusqu'en 1932.

1920

§ Délégué de la Belgique aux Assemblées de la Société des Nations entre 1920 et 1921. Henri La Fontaine s'occupe tout spécialement de l'introduction, dans le statut de la Cour internationale de justice, de la disposition (art. 36) qui doit permettre aux États d'en rendre la compétence obligatoire pour un certain nombre de conflits.
§ Proposition, avec Paul Otlet, d'un plan d'organisation internationale du travail intellectuel à la Société des Nations. Une partie de ce plan est réalisée par la création à Paris de l'Institut international de coopération intellectuelle (1924).
§ Participation à la création de la coopérative La Librairie mondiale et président de cette coopérative. Cette société sera liquidée en 1923.
§ Participation au Congrès de la IIe Internationale socialiste et ouvrière de Genève.
§ Organisation de la première session de l'Université internationale (mise en place par l'Union des associations internationales au Palais mondial).

1921

§ Participation au Congrès panafricain tenu à Bruxelles. Henri La Fontaine y prône la suppression de la tutelle occidentale sur les États africains.
§ Création de l'Association internationale des journalistes accrédités auprès de la Société des Nations : Henri La Fontaine en fera partie en tant que journaliste au *Journal de Charleroi* et à *L'Indépendance belge*.
§ Participation à l'Assemblée des délégués de la Société des Nations à Genève. En désaccord avec les choix politiques faits par les grandes puissances, Henri La Fontaine est ensuite écarté des sphères officielles de la Société des Nations.

1922

§ Création de l'Association belge pour la Société des Nations. Henri La Fontaine l'anime et la préside jusqu'en 1937.
§ Membre du Conseil de l'Union interparlementaire.
§ Membre de la commission parlementaire mise sur pied pour chercher une solution transactionnelle quant à l'emploi des langues à l'Université de Gand.
§ Médaille du Roi Albert.
§ Vénérable Maître de la loge *Les Amis philanthropes*. Henri La Fontaine le restera jusqu'en 1925.

1923

Participation aux réunions de la Commission internationale de coopération intellectuelle créée à Paris.

1924

Création à Bruxelles de l'Association belge pour la protection et le développement du droit d'auteur. Henri La Fontaine en est membre effectif. Dans les années 1930, il en sera président d'honneur.

1925

§ Président du Club alpin belge. Henri La Fontaine le restera sans interruption jusqu'à sa démission en 1943.
§ Affiliation au *Droit humain*; membre de la loge n° 890, *Beauté*.

1926

Président du Premier Congrès psycho-sociologique organisé à Paris à l'initiative de l'Internationale des Amis de l'ordre spirituel (IAOS).

1927

§ Préparation de l'index alphabétique de la deuxième édition complète en langue française de la Classification décimale universelle (CDU).

Invitation à un dîner en l'honneur d'Henri La Fontaine, organisé à Londres le 28 février 1928 à la Chambre des Communes. Ce dîner a lieu à l'occasion d'une réunion du Comité directeur du Bureau international de la paix

§ Représentant de la Ligue internationale de francs-maçons en Belgique.

1928

Création au sein de la Fédération belge du *Droit humain*, après la manifestation internationale pour la paix dans le monde organisée le 1er août, de la loge n° 909, *La Paix* (cette loge reçoit sa charte le 1er mai 1929). Henri La Fontaine forme en son sein une commission d'études pacifistes ouverte à l'origine d'un comité maçonnique d'action contre la guerre. Cette loge fusionne en 1932 avec la loge *Sincérité*, devenant la loge n° 942, *Sincérité et La Paix réunies*.

DINNER

IN HONOUR OF

SENATOR HENRI LA FONTAINE

AND THE

DIRECTORATE OF THE

BUREAU INTERNATIONAL DE LA PAIX

HOUSE OF COMMONS

WEDNESDAY, 8TH FEBRUARY, 1928

1929

Création à Bruxelles d'une section belge de la Ligue universelle des francs-maçons (LUF) ou Ligue internationale de francs-maçons (LIF), à l'initiative d'Henri La Fontaine qui la préside et espère pouvoir y entreprendre des actions en faveur de la paix.

1930

§ Membre du bureau de la section belge de l'Action démocratique internationale pour la paix (Paris), créée en 1930.
§ Représentant du barreau de Bruxelles au Deuxième Congrès de l'Union internationale des avocats qui se tient à Paris.
§ Participation au Congrès maçonnique international qui se tient à Bruxelles. Henri La Fontaine y prononce un discours sur la paix et la franc-maçonnerie.
§ Membre du comité de patronage du Xe Congrès de l'Action internationale démocratique pour la paix qui se tient à Ostende, Bruxelles, Anvers et Liège.
§ Participation à la Conférence générale des associations internationales à tendances pacifiques (Conférence mondiale de la paix) organisée à Genève par le Comité international de coordination des forces pacifistes.
§ Participation à la première Conférence balkanique qui se tient à Athènes. Henri La Fontaine prononce un discours lors de la séance d'ouverture.

1931

§ Secrétaire (jusqu'en 1937) de l'Institut international de documentation (IID), qui remplace

Attestation d'appartenance au Bureau international de la paix, rédigée pour la première Conférence balkanique tenue à Athènes en 1930

l'Institut international de bibliographie. Henri La Fontaine en sera le secrétaire général jusqu'en 1937. L'IID devient en 1938 la Fédération internationale de documentation (FID).
§ Délégué au Troisième Congrès de l'Union internationale des avocats qui se tient à Luxembourg. Henri La Fontaine y intervient sur la question des tribunaux de commerce internationaux. Le congrès institue une commission spéciale, dont il fait partie, chargée de faire un rapport sur la question de la création de juridictions nationales pour les expulsions d'étrangers.
§ Président du Groupe d'action pratique pour la paix mis en place dans le cadre du Congrès de la Ligue internationale de francs-maçons organisé à Paris.

1932

§ Élection d'Henri Rolin, spécialiste des questions internationales, à la place d'Henri La Fontaine lors de la réunion du bureau du POB.
§ Membre du comité d'honneur de la Conférence d'experts sur la guerre scientifique.
§ Organisation, avec Henri Barbusse, du Congrès mondial contre la guerre impérialiste à Bruxelles.
§ Élection à l'Académie de morale sociale au sein de l'Académie latine de l'humanisme (Monaco).

1933

§ Président de la Commission de la paix du Grand Orient de Belgique.
§ Président du Groupe d'action pratique pour la paix au Congrès de la Ligue internationale de francs-maçons de La Haye, dont les travaux aboutissent à l'adoption d'une résolution affirmant la tendance résolument pacifiste de la Ligue.

1934

Intervention en faveur de Paul Otlet et du Mundaneum après la décision prise par le gouvernement belge de fermer les portes du Palais mondial.

1935

Président de la société de secours mutuels Aide-toi, créée en 1889 et liée à l'Institut Bischoffsheim.

1936

§ Participation aux travaux du Bureau international pour le respect du droit d'asile et d'aide aux réfugiés politiques.
§ Membre du Conseil général du Rassemblement universel pour la paix à Bruxelles.

1937

Président de l'Association belge pour la Société des Nations.

1939

§ Vice-président honoraire de la Fédération internationale de documentation (FID).
§ Trésorier honoraire de l'Union internationale pour la Société des Nations.
§ Adhésion au Comité de vigilance des intellectuels antifascistes.

1941

§ Décès de Mathilde Lhoest, épouse d'Henri La Fontaine.

1943

§ Décès le 14 mai à Woluwe-Saint-Lambert.

1946

Liquidation testamentaire des biens d'Henri La Fontaine le 10 décembre.

Grid of 16 book/pamphlet covers:

Row 1:

CONGRÈS DES ASSOCIATIONS INTERNATIONALES (BRUXELLES 1910)
RAPPORT N° 3
LA DOCUMENTATION ET L'INTERNATIONALISME
PAR Henri LA FONTAINE
Directeur de l'Office International de Bibliographie

DU BROUILLARD.
EXCURSION DANS LES ALPES GRÉES,
PAR HENRI LA FONTAINE.
BRUXELLES,
F. HAYEZ, IMPRIMEUR DE L'ACADÉMIE ROYALE DES SCIENCES, ETC.,
ET DE L'ACADÉMIE ROYALE DE MÉDECINE DE BELGIQUE,
rue de Louvain, 108.
1888.

DES DROITS ET DES OBLIGATIONS DES ENTREPRENEURS DE TRAVAUX PUBLICS NATIONAUX, PROVINCIAUX & COMMUNAUX
PAR HENRI LA FONTAINE
AVOCAT A LA COUR D'APPEL DE BRUXELLES

AUTOUR DU TITLIS,
PAR HENRI LA FONTAINE, AVOCAT
BRUXELLES
F. HAYEZ, IMPRIMEUR DE L'ACADÉMIE ROYALE DE BELGIQUE
rue de Louvain, 108.
1885

Row 2:

ESSAI DE BIBLIOGRAPHIE DE LA PAIX
PAR H. LA FONTAINE
AVOCAT A LA COUR D'APPEL DE BRUXELLES
SECRÉTAIRE GÉNÉRAL DE LA SECTION BELGE
DE LA FÉDÉRATION INTERNATIONALE DE L'ARBITRAGE ET DE LA PAIX

Henri LA FONTAINE, Sénateur
Novum Belgium
Ce que l'Amérique doit au Peuple belge
Extrait de la Revue « LE FLAMBEAU »

LA BELGIQUE INDUSTRIELLE ET COMMERCIALE DE DEMAIN
PAR Robert BILLIARD
INDUSTRIEL, INGÉNIEUR DES CONSTRUCTIONS CIVILES (UNIVERSITÉ DE GAND, 1905)
Préface de HENRI LA FONTAINE
SÉNATEUR DE BELGIQUE, PRÉSIDENT DU BUREAU INTERNATIONAL DE LA PAIX, LAURÉAT DU PRIX NOBEL

L'EXEMPLE ALLEMAND. — Avant l'Empire. — L'Empire. — L'outil transport et l'outil financier. — L'outillage intellectuel et moral. — Productions et résultats économiques. — La chance militaire.
LA BELGIQUE NOUVELLE. — La Belgique indépendante. — La réforme électorale. — L'outil transport. — L'outillage intellectuel et moral belge. — Organisation commerciale des ports maritimes. — Au sujet du développement commercial et industriel. — Le charbon. — La sidérurgie. — Le zinc. — La verrerie. — Les textiles. — La pêche. — Quelques possibilités industrielles.
LA PAIX. — La Conférence de la Paix. — Comment entraver l'exécution de la guerre. — Prévenir le besoin de guerre. — Le sort allemand et le sort belge.

BERGER-LEVRAULT, LIBRAIRES-ÉDITEURS
PARIS — Rue des Beaux-Arts, 5-7   NANCY — Rue des Glacis, 18
1915

Extrait du Bulletin du Club Alpin Belge, n° 27, 1901.
RHIN ET RHÔNE
PAR H. LA FONTAINE
BRUXELLES
HAYEZ, IMPRIMEUR DE L'ACADÉMIE ROYALE DE BELGIQUE
rue de Louvain, 112
1901

Row 3:

Théodore HERTZKA
FREILAND
UN ROMAN COLLECTIVISTE
EXTRAITS ET RÉSUMÉ
TRADUCTION PAR H. LA FONTAINE
AVOCAT A LA COUR D'APPEL

1894. — 1re Année. — I-II.   Nos 1 A 1531
Office International de Bibliographie
SOMMAIRE MÉTHODIQUE
DES Traités, Monographies et Revues DE SOCIOLOGIE
PUBLIÉ SOUS LA DIRECTION DE MM. H. LAFONTAINE ET P. OTLET
AVOCATS A LA COUR D'APPEL DE BRUXELLES
Avec la collaboration et sous le patronage de MM.
Brants, Berlin. — L. Bruntane, Munich. — A. Couvreur, Bruxelles. — G. De Greef, Bruxelles. — M. Denis, Bruxelles. — Enrico Ferri, Rome. — G. Gide, Montpellier. — Greenlick, Zürich. — M. Kovalewsky, Moscou. — J. Mandello, Buda-Pesth. — G. Mayer, Vienne. — Migotta, Gand. — G. Wrigt, Washington. — A. Schaeffle, Stuttgart. — G. Tarde, Sarlat. — E. Vandervelde, Bruxelles. — S. Webb, London. — L. Wuarin, Genève.

ADMINISTRATION : HOTEL RAVENSTEIN, BRUXELLES

AMSTERDAM : Feikema & Co
BERLIN : Puttkammer & Mühlbrecht
BUDAPEST : Kilian
CHICAGO : The Way Publishing Co
CHRISTIANIA : Cammermeyer
LA HAYE : Belinfante Frères
LISBONNE : Ferin & Co
LONDRES : Stevens and Sons, Limited
PARIS : Marchal et Billard
SAINT-PÉTERSBOURG : A. Zinzerling
ZÜRICH : Art-Institut. Orell Füssli

CONGRÈS INTERNATIONAL DE L'ENSEIGNEMENT DES SCIENCES SOCIALES
PARIS
30 Juillet — 3 Août 1900
CRÉATION D'UN ENSEIGNEMENT SOCIAL INTERNATIONAL EN BELGIQUE
Par H. LA FONTAINE
Sénateur
PARIS
ANCIENNE LIBRAIRIE GERMER BAILLIÈRE ET Cie
FÉLIX ALCAN, ÉDITEUR
108, BOULEVARD SAINT-GERMAIN, 108
1900

RAPPORT SUR LES ASSOCIATIONS D'AVOCATS
PAR H. LA FONTAINE
AVOCAT A LA COUR D'APPEL DE BRUXELLES
BRUXELLES
IMPRIMERIE Vve FERDINAND LARCIER
22, RUE DES MINIMES, 22
1892

Row 4:

RICHARD WAGNER
L'ANNEAU DU NIBELUNG
Le Crépuscule des Dieux
Prologue. — Seconde scène.
Essai de traduction rythmée par H. LA FONTAINE

BIBLIOGRAPHIA ECONOMICA UNIVERSALIS
RÉPERTOIRE BIBLIOGRAPHIQUE DES TRAVAUX RELATIFS AUX SCIENCES ÉCONOMIQUES ET SOCIALES
(LIVRES, MÉMOIRES, ARTICLES DE REVUES)
PUBLIÉ PAR L'INSTITUT INTERNATIONAL DE BIBLIOGRAPHIE
SOUS LA DIRECTION DE MM. Henri LA FONTAINE ET Louis MASURE
BRUXELLES
Institut International de Bibliographie
1, Rue du Musée

BUDAPEST : POLITZER ZSIGMOND ES FIA, IV, Kecskeméti-utcza, 4
LONDON : P. S. KING ET SON, Canada Building, Westminster
PARIS : BUREAU BIBLIOGRAPHIQUE, 44, Rue de Rennes
TORINO : FRATELLI BOCCA, 3, Via Carlo Alberto
WIEN : ALFRED HOLDER, I, Rothenthurmstrasse, 15

PROJET DE BIBLIOGRAPHIE UNIVERSELLE DES ASCENSIONS ALPINES
PAR H. LA FONTAINE
BRUXELLES
F. HAYEZ, IMPRIMEUR DE L'ACADÉMIE ROYALE DES SCIENCES, DES LETTRES ET DES BEAUX-ARTS DE BELGIQUE, Rue de Louvain, 108.
1889.

UNE RÉFORME URGENTE
DESSINS ET MODÈLES INDUSTRIELS
PAR H. LA FONTAINE
AVOCAT A LA COUR D'APPEL DE BRUXELLES
BRUXELLES
FERDINAND LARCIER, ÉDITEUR
10, RUE DES MINIMES, 10
1889

Bibliographie sélective

Publications
d'Henri La Fontaine

Livres – brochures

Autour du Titlis, Bruxelles,
F. Hayez, 1885, 12 p.

Des droits et obligations des entrepreneurs de travaux publics nationaux, provinciaux et communaux, Bruxelles, Ferdinand Larcier, 1885, 424 p.

De Suse à Liverogne, Bruxelles,
F. Hayez, 1886, 12 p.

Premières rimes, Bruxelles,
Ferdinand Larcier, 1886 (publié
sous le pseudonyme « Moi »).

Un ouragan au Mont Rose,
Bruxelles, F. Hayez, 1887, 12 p.

Du brouillard. Excursion dans les Alpes grées, Bruxelles, F. Hayez, 1888, 12 p.

Traité de contrefaçons, Bruxelles,
Ferdinand Larcier, 1888, 294 col.
(en collaboration avec X. Olin).

Projet de bibliographie universelle des ascensions alpines, Bruxelles,
F. Hayez, 1889, 9 p.

Une réforme urgente. Dessins et modèles industriels, Bruxelles,
Ferdinand Larcier, 1889, 22 p.

Essai de bibliographie de la paix, Bruxelles,
Th. Lombaerts, 1891, 25 p.

Rapport sur les associations d'avocats,
Bruxelles, Ferdinand Larcier, 1892, 35 p.

Manuel des lois de la paix. Code de l'arbitrage, Congrès international de la paix, 1894, Anvers, Bruxelles, Th. Lombaerts, 1894, 10 p.

Sommaire méthodique des traités, monographies et revues de sociologie,
1re année, I, n° 1 à 1504, Bruxelles, Office international de bibliographie, 1894, 212 p.
(*dir.* en collaboration avec Paul Otlet).

Bibliographia sociologica. Sociologie et droit. Sommaire méthodique des traités, monographies et revues de droit, Bruxelles, Office international de bibliographie, 1895, 268 p. (en collaboration avec Paul Otlet).

Conférence bibliographique internationale, Bruxelles 1895. Documents, Bruxelles,
Veuve Ferdinand Larcier, 28 p. (en
collaboration avec Paul Otlet).

Bulletin officiel du VIe Congrès international de la paix, tenu à Anvers (Belgique) du

29 août au 1ᵉʳ septembre 1894. Rédigé et publié par les soins de M. Henri La Fontaine, secrétaire général, Anvers, Imprimerie Veuve De Backer, 1895, 174 p.

Le Collectivisme, Namur, Louis Roman (Bibliothèque de « La Bataille »), 2 tomes, 1897, 31 et 32 p.

Éléments d'économie politique, Extension universitaire de Bruxelles, année académique 1897-1898, Bruxelles, Henri Lamertin, 1898, 32 p.

Bibliographie internationale et alpinisme, extrait du *Bulletin du Club alpin belge*, n° 24, Bruxelles, Hayez, 1899, 24 p.

Bibliographia bibliographica. Répertoire annuel des travaux de bibliographie élaboré par l'Institut international de bibliographie. Année 1898, Bruxelles, 1900, 73 p.

Bibliographia bibliographica. Répertoire annuel des travaux de bibliographie élaboré par l'Institut international de bibliographie. Année 1899, Bruxelles, 1900, 84 p.

Création d'un enseignement social international en Belgique, Congrès international de l'enseignement de sciences sociales (Paris, 30 juillet – 3 août 1900), Paris, Félix Alcan, 1900, 7 p.

La Femme et le barreau. Rapport de M. Henri La Fontaine, du barreau de Bruxelles, à la Fédération des avocats belges, assemblée générale ordinaire du samedi 27 avril 1901, Bruxelles, Veuve Ferdinand Larcier, 1901, 19 p.

La Petite industrie, Extension universitaire de Bruxelles, 1901, 32 p.

Bibliographia bibliographica. Répertoire annuel des travaux de bibliographie élaboré par l'Institut international de bibliographie. Année 1900, Bruxelles, 1902, 108 p.

Histoire sommaire et chronologique des arbitrages internationaux (1794-1900), extrait de la Revue de droit international et de législation comparée, 34ᵉ année, 2ᵉ série, tome IV, 1902, Bruxelles, Bureau de la revue – La Haye, Belinfante frères – Paris, A. Pécone –

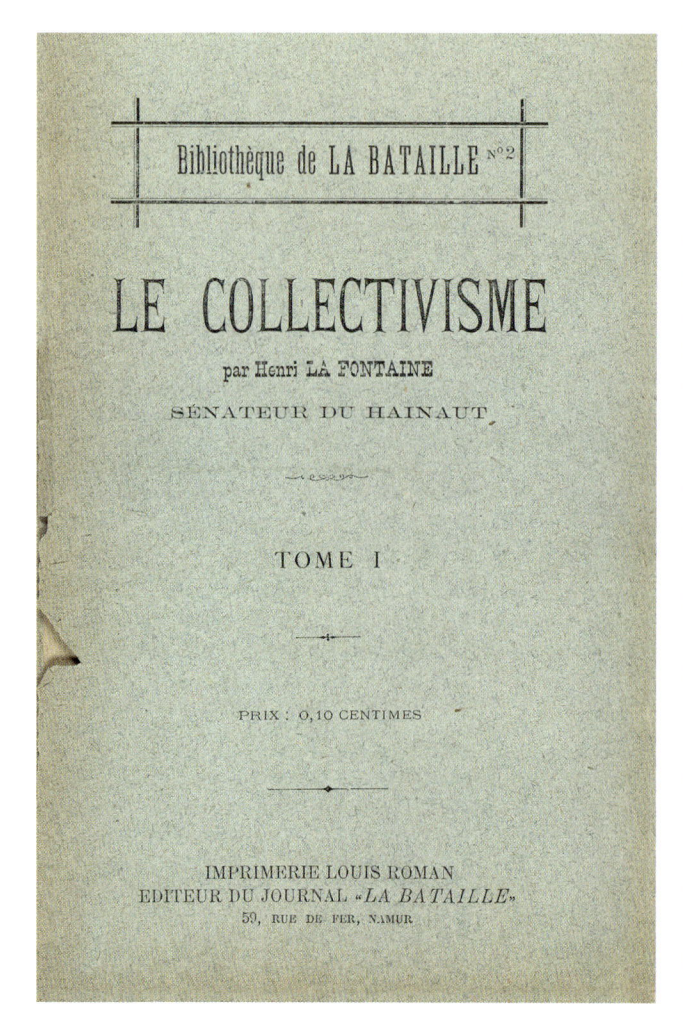

Berlin, Puttkammer & Mühlbrecht – Berne, Bureau international de la paix, 84 p.

Pasicrisie internationale : histoire documentaire des arbitrages internationaux, Berne, Imprimerie Stämpfli, 1902, XVI + 670 p.

Rhin et Rhône, extrait du *Bulletin du Club alpin belge*, n° 27, Bruxelles, Hayez, 1902, 21 p.

Bibliographia bibliographica. Répertoire annuel des travaux de bibliographie élaboré par l'Institut international de bibliographie. Année 1901, Bruxelles, Institut international de bibliographie, 1903, 86 p.

Bibliographia bibliographica. Répertoire annuel des travaux de bibliographie élaboré par l'Institut international de bibliographie. 5ᵉ année, 1902, Bruxelles, Institut international de bibliographie, 1904, XIV + 140 p.

Bibliographia bibliographica universalis : répertoire quinquennal des travaux de bibliographie 1898-1902, Bruxelles, Institut international de bibliographie, 1904 (*dir.*).

Bibliographie de la paix et de l'arbitrage international. Tome premier : Mouvement pacifique, Publications de l'Institut international de la paix, n° 1, Monaco, 1904, XIII + 280 p.

Budget international. Esquisse de droit administratif international dans la paix et l'enseignement pacifiste. Leçons professées à l'École des Hautes Études Sociales, Paris, Félix Alcan, 1904, 278 p.

Bibliothèques américaines, extrait de la *Revue de Belgique*, Bruxelles, P. Weissenbruch, 1905, 23 p.

Bibliographia bibliographica universalis : répertoire quinquennal des travaux de bibliographie, 6ᵉ année, 1903, Bruxelles, Institut international de bibliographie, 1906, XII + 107 p. (*dir.*)

Bibliographia economica universalis. Répertoire bibliographique des travaux relatifs aux sciences économiques et sociales, 5ᵉ année, Bruxelles, Institut international de bibliographie, 1906, XVIII + 178 p. (*dir.*)

Bibliographia bibliographica universalis : répertoire quinquennal des travaux de bibliographie, 7ᵉ année, 1904, Bruxelles, Institut international de bibliographie, 1907, 108 p. (*dir.*).

Bibliographia economica universalis. Répertoire bibliographique des travaux relatifs aux sciences économiques et sociales, 6ᵉ année, Bruxelles, Institut international de bibliographie, 1907, 16 p. (*dir.* en collaboration avec Louis-Masure).

Annuaire de la Belgique scientifique, artistique et littéraire : services administratifs, associations, instituts, musées, archives, bibliothèques, collections publiques et privées, enseignement supérieur, documentation / Comité de rédaction : Henri La Fontaine, Paul Otlet, Louis Masure, Institut international de bibliographie, publication n° 71, Bruxelles, 1908.

La Conférence de la paix, extrait de *La Revue de Belgique*, Bruxelles, Weissenbruch, 1908, 102 p.

L'État actuel des questions bibliographiques et l'organisation internationale de la documentation, Bruxelles, 1908, 29 p. (en collaboration avec Paul Otlet).

Congrès des Associations Internationales. Rapport n°3. La documentation et l'internationalisme, Bruxelles, Office Central des Institutions Internationales, [1910], 14 p.

The Existing Elements of a Constitution of the United States of the World, International Conciliation, n°47, New York, American Association for International Conciliation, octobre 1911, 13 p.

The Great Solution. Magnissima Charta. Essay on Evolutionary and Constructive Pacifism, Boston: World Peace Foundation, 1916, 177 p.

The Neutralization of States in the Scheme of International Organization, reprinted from the *American Society of International Law at its Eleventh Annual Meeting held at Washington, D.C., April 26-28, 1917*, 7 p.

Organisation internationale du travail intellectuel, Union des associations internationales, publication n°97, Bruxelles, 1921, 19 p. (en collaboration avec Paul Otlet).

Novum Belgium. Ce que l'Amérique doit au Peuple belge, extrait de la revue *Le Flambeau*, Bruxelles, René Van Sulper, [1923], 51 p.

Déclaration des droits et des devoirs des États. Rapport présenté le 3 octobre 1925 à la XXIIIe Conférence interparlementaire, réunie au Palais du Capitole à Washington, Union interparlementaire, 1925, 21 p.

Declaration of the Rights and Duties of Nations. Report submitted on October 3rd 1925 to the XXIIIrd Inter-Parliamentary Conference held in the Capitol Building, Washington D.C., Inter-Parliamentary Union, 1925, 21 p.

Rapport présenté au XXVe congrès universel de la paix sur les événements de l'année. Genève, septembre 1926, Bureau International de la Paix, Dole-du-Jura, Imprimerie de T. Goeury, s. d.

Rapport de M. H. La Fontaine au Comité international de coordination. Politique du pacifisme. Notes sommaires, Bruxelles, 1931, 8 p.

Assemblée du Bureau international de la paix. Désarmement économique. Rapport, Bruxelles, Imprimerie de l'Office de Publicité, [1933], 8 p.

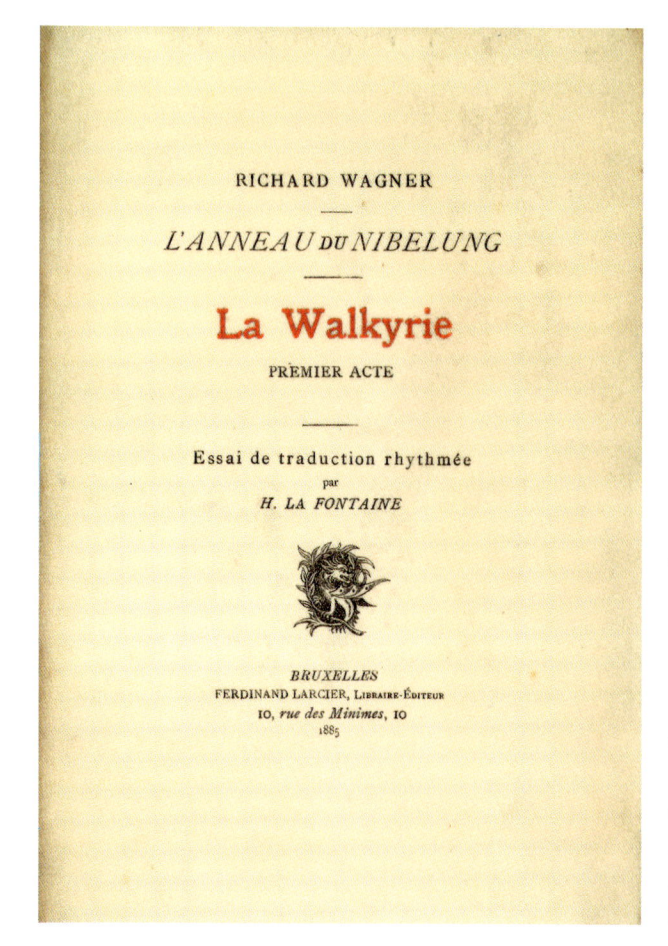

Le Monde en péril, rapport présenté par M. Henri La Fontaine. XXXe Congrès universel de la paix. Locarno, 2-6 septembre 1934, Bruxelles, Imprimerie de l'Office de Publicité, 1934, 8 p.

XXXIIe Congrès universel de la paix, Paris, Palais de la Sorbonne et Maison des Arts et Métiers, 24-29 août 1937. Discours prononcés à la séance solennelle d'ouverture par Messieurs François de Tessan, Lucien Le Foyer, Henri La Fontaine, L. Quidde, Albert Malche, Paris-Genève, [1937], 40 p.

Parlement international. Observations présentées par M. H. La Fontaine à l'appui des conclusions de la Commission préconsultative, Bruxelles, s. d., 12 p.

Révision des dispositions légales sur l'exercice de la profession d'avocat. Projet présenté par MM. H. La Fontaine et G. Schoenfeld, s. l., s. d., 10 p.

Articles

« Bibliographie électorale », in : *Revue sociale et politique*, 1891, Bruxelles, p. 320-336.

« Organisation internationale et collective du travail intellectuel. Union internationale intellectuelle », in : *Bibliothèque internationale de l'Alliance scientifique universelle*, tome I, fascicule IV (publié par le Comité de Bruxelles), Bruxelles, Th. Lombaerts, 1894, p. 322.343.

« Socialism and solidarity », in : *The International Socialist Review*, 1900, p. 97-106.

« Création d'un enseignement social international », in : *Le Premier Congrès de l'enseignement des sciences sociales, compte rendu des séances et texte des mémoires publiés par la Commission permanente internationale de l'enseignement social*, Paris, 1901, p. 299-305.

« Une mémoire mondiale. Le répertoire bibliographique universel », in : *La Revue*, n° 2, 15 octobre 1903, Paris, p. 201-208.

« Budget international, esquisse de droit administratif international », in : *La Paix et l'enseignement pacifiste*, Paris, F. Alcan, 1904, p. 25-44.

« La vie internationale et l'effort pour son organisation », in : *La Vie internationale*, tome 1, fascicule 1, 1912, Bruxelles, Office central des associations internationales, p. 9-34 (en collaboration avec Paul Otlet).

« Ce que les pacifistes auraient à dire », in : *Le Mouvement pacifiste. Organe du Bureau international de la paix*, n° 8-12, août-décembre 1914, Berne, p. 375-382.

« A pacifist view », in : *Concord. The Journal of the International Arbitration and Peace Association*, octobre 1914, Londres, p. 115-116.

« For a Conference of Neutral Nations: An open letter to President Wilson, February 7, 1917 », in : *Advocate of Peace*, vol. 79, n° 3, mars 1917, Washington, p. 84-85.

« Discours prononcé par M. H. La Fontaine à l'occasion du 50e anniversaire du C.A.B. », in : *Bulletin du Club alpin belge*, 2e série, tome X, n° 33, décembre 1933, Bruxelles, p. 117-123.

Préfaces

Aiken (Ednah), *The Hate Breeders. A Drama of War and Peace in One Act and Five Scenes*, Indinapolis, The Bobbs-Merrill Company, 1916.

Billiard (Robert), *La Belgique industrielle et commerciale de demain*, Paris, Berger-Levrault, Nancy, Libraires-Éditeurs, 1935.

Kraft-Bonnard (A.), *L'Heure de l'Arménie*, Genève, Société générale d'imprimerie, 1922.

Leeman (Jean), *Martyr. A Tragedy of Belgium. Drama in Five Acts*, San Francisco, The Belgian Women's War Relief Committee, 1916.

Launay (Louis) et Sennac (Jean), *Les Relations internationales des industries de guerre*, Paris, Éditions Républicaines, 1932.

Lehmann-Russbuldt (Otto), *L'Internationale sanglante des armements*, traduit de l'allemand par Eug. Peeters, Bruxelles, L'Églantine, 1930.

Traductions

Wagner (Richard), *L'Anneau du Nibelung. Le Crépuscule des Dieux. Prologue – seconde scène. Essai de traduction rythmée*, Bruxelles, Ferdinand Larcier, 1885, 8 p.

Wagner (Richard), *L'Anneau du Nibelung. La Walkyrie. Premier acte. Essai de traduction rythmée*, Bruxelles, Ferdinand Larcier, 1885, 37 p.

Hertzka (Théodore), *Freiland. Un roman collectiviste. Extraits et résumé*, Bruxelles, Imprimerie Veuve Monnom, 1892, 44 p.

Généralités

1895-1995. Cent ans de l'Office international de bibliographie, Mons, Éditions Mundaneum, 1995.

Sextant. Revue du Groupe interdisciplinaire d'études sur les femmes, n° 1 : « Féminismes », hiver 1993, Université libre de Bruxelles.

Le Mundaneum. Les Archives de la Connaissance, Bruxelles, Les Impressions Nouvelles, 2008.

Aron (Paul), *Les Écrivains belges et le socialisme (1880-1913) : l'expérience de l'art social : d'Edmond Picard à Émile Verhaeren*, Bruxelles, Labor, 1997 (Archives du futur).

Boël (Baronne Pol) et Duchêne (C.), *Le Féminisme en Belgique (1892-1914)*, Bruxelles, Conseil national des femmes belges, 1955.

Carlier (Julie), *Moving beyond Boundaries : An Entangled History of Feminism in Belgium, 1890-1914*, thèse de doctorat, Université de Gand, 2009.

Crombois (Jean-François), *L'Univers de la sociologie en Belgique de 1900 à 1940*, Éditions de l'Université libre de Bruxelles, Institut de Sociologie, Histoire, Économie, Société, 1994.

Deneckere (Gita), *1900 : België op het breukvlak van twee eeuwen*, Tielt, Lannoo, 2006.

Despy-Meyer (Andrée) (dir.), *Bruxelles : les francs-maçons dans la cité*, Bruxelles, éditions Marot, 2000.

Despy-Meyer (Andrée) et Hasquin (Hervé) éd., *Libre pensée et pensée libre. Combats et débats*, Université libre de Bruxelles, 1996.

Füeg (Jean-François), « Le Mundaneum d'Otlet à internet, une machine à faire la paix », in : Josiane Roelants-Abraham éd., *Information et documentation : du réel au virtuel. Commémoration du XXe anniversaire de la Section INFODOC*, Université libre de Bruxelles, 1998, p. 105-114.

Gotovitch (José), « Les Internationales et le problème de la guerre au XXe siècle », in : *Actes du colloque organisé par l'École française de Rome*, Universita da Milano, École française de Rome, 1987, p. 75-105.

Gubin (Éliane), Piette (Valérie) et Jacques (Catherine), « Les féministes belges et français de 1830 à 1914. Une approche comparée », in : *Le Mouvement social*, n° 178, janvier-mars 1997, Institut français d'histoire sociale, Paris, p. 36-68.

Holl (Karl) et Kjelling (A. C.), *The Nobel Peace Prize and the Laureates. The Meaning and Acceptance of the Nobel Prize in the Prize Winner's Countries*, Frankfurt am Main, 1994.

Kurgan-Van Hentenrijk (Ginette) éd., *Laboratoires et réseaux de diffusion des idées en Belgique (XIXe-XXe siècles)*, Éditions de l'Université Libre de Bruxelles, Faculté de Philosophie et Lettres, Histoire, 1994.

Laqua (Daniel), « Transnational Intellectual Cooperation, the League of Nations, and the Problem of Order », in : *Journal of Global History*, vol. 6, n° 2, 2011, p. 223-247.

Laqua (Daniel), *The Age of Internationalism and Belgium, 1880-1930 : Peace, Progress and Prestige*, Manchester, Manchester University Press (parution en 2013).

Leymaire (Michel) et Sirinelli (Jean-François) (dir.), *L'Histoire des intellectuels aujourd'hui*, Paris, Presses universitaires de France, 2003

Liebman (Marcel), *Les Socialistes belges 1885-1914 : la révolte et l'organisation*, Bruxelles, Vie ouvrière, 1979.

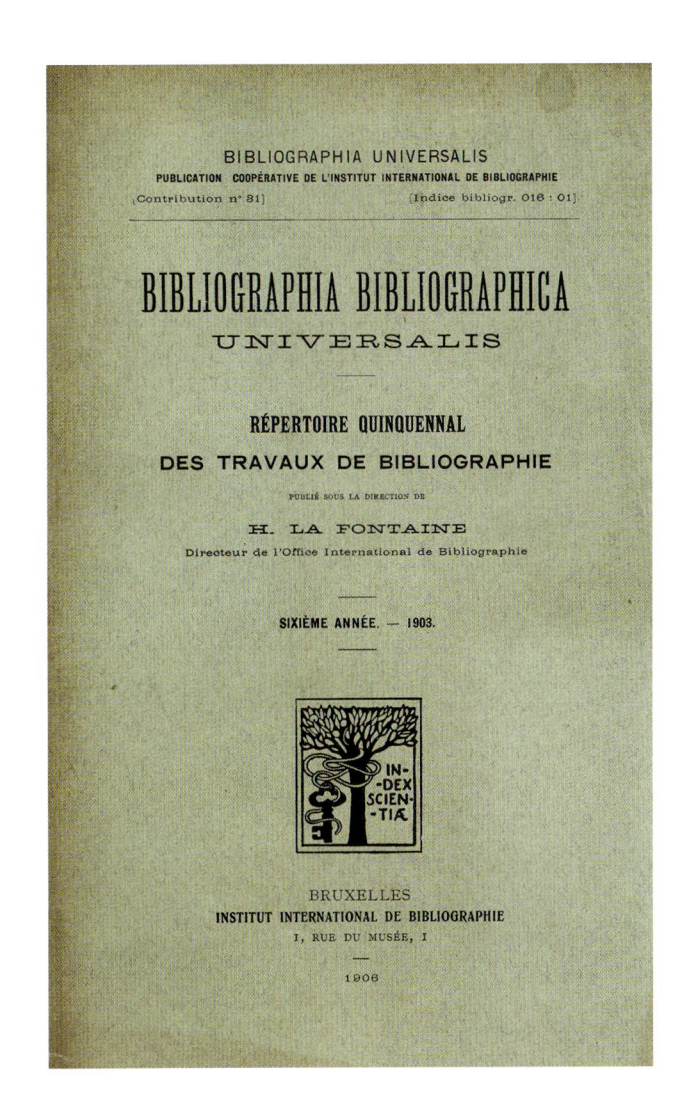

Lubelski-Bernard (Nadine), *Les Mouvements et les idéologies pacifistes en Belgique (1830-1914)*, thèse de doctorat, 3 vol., Université libre de Bruxelles, 1977.

Lubelski-Bernard (Nadine), « Les débuts de l'Union interparlementaire et la Belgique (1888-1914) », in : Jacques Bariéty et Antoine Fleury éd., *Mouvements et initiatives de paix dans la politique internationale (1867-1928). Actes du colloque tenu à Stuttgart, août 1985*, Association internationale d'histoire contemporaine en Europe, Berne, 1987, p. 81-110.

Müller (Christian) et Van Daele (Jasmien), « Peaks of Internationalism in Social Engeneering : a Transnational History of Social Reform Associations and Belgian Agency, 1860-1925 », in : *Revue belge de philologie et d'histoire*, vol. 90, n° 4, 2012.

Pyenson (Lewis) et Verbruggen (Christophe), « The Ego and the International. The Modernist Circle of George Sarton », in : *Isis*, vol. 100, p. 60-78.

Rayward (W. Boyd), *The Universe of Information : The Work of Paul Otlet for Documentation and International Organisation*, Moscou, FID Publication 520, 1975.

Renoliet (Jean-Jacques), *L'UNESCO oubliée. La Société des Nations et la coopération intellectuelle (1919-1946)*, Paris, Publications de la Sorbonne, 1999.

Vaïsse (Maurice) (dir.), *Le Pacifisme en Europe des années 1920 aux années 1950*, Bruxelles, Bruylant, 1993.

Van Acker (Wouter), *Universalism as Utopia : a Historical Study of the Schemes and Schemas of Paul Otlet (1868-1944)*, thèse de doctorat, Université de Gand, 2011.

Van Binsbergen (E. H. W.), *La Philosophie de la Classifaction décimale universelle*, Liège, Centre de lecture publique de la Communauté française, 1994.

Verbruggen (Christophe), *Schrijverschap tijdens de Belgische Belle Époque. Een sociaal-culturele geschiedenis*, Gent-Nijmegen, Vantilt, 2007.

Wils (Kaat), *De omweg van de wetenschap : het positivisme en de Belgische en Nederlandse intellectuele cultuur, 1845-1914*, Amsterdam, Amsterdam UP, 2005.

Publications sur Henri La Fontaine

Abrams (Irwin), « Henri La Fontaine », in : *The Nobel Peace Prize and the Laureates : An Illustrated Biographical History, 1901-1987*, Boston : G. K. Hall & Co., 1989, p. 76-78.

Abs (Robert), « Fontaine (Henri-Marie La) », in : *Biographie nationale*, tome XXXVIII, Bruxelles, Académie royale des sciences, des lettres et des beaux-arts de Belgique, 1973, col. 213-221.

Baugniet (Jean), « Deux pionniers de la coopération internationale et de la paix universelle : Henri La Fontaine et Paul Otlet », in : *Synthèses*, n° 288, juin 1970, p. 44-48.

Bernard (Nadine), « Henri La Fontaine (1854-1943) ou la paix par le droit », in : *Revue belge de droit international*, n° 1, 1995, Bruxelles, p. 343-356.

Hasquin (Hervé) *et alii*, *Henri La Fontaine. Tracé(s) d'une vie. Un Prix Nobel de la Paix, 1854-1943*, Mons, Mundaneum, 2002.

Lhost (Anne), *Henri La Fontaine (1854-1943) ou la paix comme espoir d'une vie*, mémoire présenté sous la direction de Claude Roosens, Université catholique de Louvain-la-Neuve, ESPO, 1989.

Lorphèvre (Georges), « Henri La Fontaine (1854-1943), Paul Otlet (1868-1944) », in : *Revue de la documentation*, tome XXI, fasc. 3, 1954, p. 89-92.

Lorphèvre-Montlibert (Christiane), « Bibliographie des principaux travaux d'Henri La Fontaine », in : *Revue de la documentation*, tome XXI, fasc. 3, p. 93-97.

Lubelski-Bernard (Nadine), « La Fontaine, Henri Marie », in : Harold Josephson (*dir.*), *Biographical Dictionary of Modern Peace Leaders*, Wesport-Londres, 1985, p. 538-539.

Lubelski-Bernard (Nadine), « Vie et œuvre de Henri La Fontaine : 22 avril 1854 – 14 mai 1943 », in : *Transnational Associations / Associations transnationales*, n° 4, 1993, Bruxelles, Union des associations internationales, p. 186-189.

Lubelski-Bernard (Nadine), « The Institute of International Law, Auguste Beernaert and Henri La Fontaine », in : Holl (Karl) et Kjelling (A. C.), *The Nobel Peace Prize and the Laureates. The Meaning and Acceptance of the Nobel Prize in the Prize Winner's Countries*, Frankfurt am Main, 1994, p. 109-133.

Vande Vijver (Gwenaël), *L'Action politique d'Henri La Fontaine*, mémoire présenté sous la direction de Jean Puissant en vue de l'obtention du grade de licencié en histoire contemporaine, Université libre de Bruxelles, Faculté de philosophie et lettres, 2001-2002.

INTERNATIONAL PEACE BUREAU.

Public Meeting

BLOOMSBURY BAPTIST CHURCH

SHAFTESBURY AVENUE, W.C.

on

Thursday, February 9th., 1928.

Speakers:

Senator Henri La Fontaine
(BELGIUM.)

Professor Quidde
(GERMANY.)

Ex. Depute Lucien Le Foyer
(FRANCE.)

Dr. Haberlin
(SWITZERLAND.)

Chair to be taken at 8. p.m.

by

Rev. Thos. Phillips, B.A.

ADMISSION FREE.

Particulars:—
Rev. Herbert Dunnico, M.P.,
Dean Stanley Street, S.W.1

Biographie des auteurs

Jérôme Adant est titulaire d'une licence en histoire et d'une agrégation obtenues à l'Université libre de Bruxelles. Professeur de lycée depuis 2002, ses domaines de recherche portent essentiellement sur les réseaux pacifistes européens au XXe siècle. Il a notamment publié : « La confusion des genres : "Histoire vs Histoire de l'Art" dans le cadre du cours d'histoire », in : *Didactiques de l'histoire de l'art et de l'histoire : divergences, convergences et complémentarités*, 3e Journée Interuniversitaire de Didactiques d'Histoire de l'art, UCL, ACRP, 17 mars 2006 – *Le Baron Rouge ? Antoine Allard. De Stop-War à Oxfam*, Charleroi, Couleur Livres, 2009. Il a également collaboré aux manuels scolaires d'histoire FuturHist (vol. 3 et 4), édités chez Didier Hatier, sous la direction de Jean-Louis Jadoulle et Hervé Hasquin, de 2008 à 2010.

Colin Archer est secrétaire général du Bureau international de la paix (Genève) depuis 1990. Militant en faveur de la paix, de la justice sociale et des droits humains depuis quarante ans. Directeur d'un Centre de Solidarité avec le Tiers-Monde à Manchester (1976-1983), ensuite enseignant et activiste pacifiste dans les mouvements antinucléaires et autres au Royaume-Uni. Fondateur du programme lancé par le BIP : « Désarmer pour Développer ». Auteur de *Warfare or Welfare ? Disarmament for Development in the 21st Century* (2005) ; et de *Whose Priorities ? A Guide for Campaigners on Military and Social Spending* (2007).

Henri Bartholomeeusen est avocat au barreau de Bruxelles et ancien membre du conseil de l'Ordre. Grand Maître du Grand Orient de Belgique de 2005 à 2007, il est président honoraire du Musée belge de la franc-maçonnerie, administrateur du Centre d'action laïque et de la Fondation pour l'assistance morale aux détenus ainsi que de nombreuses fondations d'utilité publique, dont la Fondation Henri La Fontaine. Outre ses contributions à des ouvrages maçonniques tels que *Devenir maçon au Grand Orient de Belgique* ou *Les Trésors du temple*, il est connu pour sa participation à de nombreuses conférences, émissions et débats en radio-télévision ainsi que pour ses articles consacrés aux valeurs humanistes, à la laïcité, à la spiritualité, au libre examen et à la franc-maçonnerie.

Marinette Bruwier est docteur en histoire et professeur honoraire à l'Université de Mons. Spécialiste de l'histoire des charbonnages du Borinage et du Hainaut en général, elle a notamment publié : *Industrie et société en Hainaut et en Wallonie du XVIIIe au XXe siècle : recueil d'articles de Marinette Bruwier*, Bruxelles, Crédit communal, 1996.

Pierre Galand est un homme engagé et solidaire dans de nombreuses causes relatives aux droits humains, aux droits des peuples à la décolonisation, à l'autodétermination et pour le respect du droit international. Il enseigna pendant des années à l'Institut supérieur de culture ouvrière (ISCO). Il revint dans l'enseignement

Annonce d'un meeting organisé à Londres par le Bureau international de la paix en 1928

dans les années 2000, à l'Université libre de Bruxelles, comme titulaire du cours « ONG et Développement ». Il fut secrétaire général d'Oxfam-Belgique, il créa le Comité national d'action pour la paix et le développement (CNAPD) en 1970, ainsi que l'Association belgo-palestinienne en 1976. Il présida le CNCD-Opération 11.11.11 durant huit ans ainsi que le Comité de liaison des ONG auprès de l'Union européenne. Il devint sénateur coopté en 2003, ne se représenta pas aux élections législatives et fut élu président du Centre d'action laïque (CAL) en 2007. Il fut élu en 2012 président de la Fédération humaniste européenne (FHE).

Verdiana Grossi, docteur ès lettres, historienne, est chargée d'enseignement à la Faculté de psychologie et des sciences de l'éducation de l'Université de Genève. Ses domaines de recherche privilégient la paix, les droits humains et l'histoire des femmes. Elle vient de publier *Femmes, culture et société. Cent ans d'histoire du Lyceum Club international de Suisse*, 1912-2012, Genève, éditions Slatkine, 2012.

Jean-Michel Guieu est maître de conférences à l'Université Paris 1 – Panthéon-Sorbonne et membre de l'UMR « IRICE ». Ses recherches concernent principalement l'histoire des mouvements pacifistes, la Société des Nations, les premiers efforts en faveur de l'unité européenne et le rôle des juristes dans la vie internationale. Il a notamment publié *Le Rameau et le glaive. Les militants français pour la Société des Nations*, Paris, Presses de Sciences-Po, 2008 ; « De la "paix armée" à la paix "tout court", la contribution des pacifistes français à une réforme du système international, 1871-1914 », in : *Bulletin de l'Institut Pierre Renouvin*, 2/2010 (n° 32), p. 81-109 [http://www.cairn.info/revue-bulletin-de-l-institut-pierre-renouvin-2010-2-page-81.htm].

Daniel Laqua occupe le poste de *lecturer* sur l'histoire européenne à l'Université de Newcastle sur Tyne. Il est l'auteur de *The Age of Internationalism and Belgium, 1880-1930: Peace, Progress and Prestige* (Manchester, Manchester University Press, à paraître en 2013) et l'éditeur de *Internationalism Reconfigured: Transnational Ideas and Movements between the World Wars* (Londres ; I.B. Tauris, 2011). Ses recherches portent sur les différentes variétés de l'activisme transnational. Elles ont été publiées dans les périodiques suivants : *Journal of gGlobal History*, *International History Review*, *Critique internationale* et *Labour History Review*.

Bruno Liesen, historien spécialisé dans l'histoire du livre et de la lecture, est assistant chargé d'exercices aux Archives et Bibliothèques de l'Université libre de Bruxelles, où il travaille à la valorisation des fonds de la Réserve précieuse. Il est aussi collaborateur scientifique à la Ligue Braille, où il mène notamment des recherches sur l'histoire des écritures pour personnes aveugles et où il a été secrétaire de rédaction de la revue pluridisciplinaire *VOIR* (1990-2011), organe du Centre de recherche sur les aspects culturels de la vision. Spécialiste du livre ancien, il est secrétaire du Groupe de contact du FNRS « Documents rares et précieux » et travaille pour l'expert-libraire bruxellois Éric Speeckaert. Ses derniers ouvrages sont : *Six points de lumière. Enquête autour de Louis Braille*, Bruxelles, Memogrames / Ligue Braille, 2008 ; *Charles-Joseph prince de Ligne*, Bruxelles, Éric Speeckaert, 2010. Ses recherches actuelles portent sur l'histoire de l'imprimerie à Bruxelles dans l'entre-deux-guerres, dans le cadre d'une thèse de doctorat à l'ULB.

Valérie Piette est professeure d'histoire contemporaine à l'Université libre de Bruxelles. Elle y est titulaire de différents enseignements dont « Histoire de l'époque contemporaine » et « Histoire du genre ». Ses recherches portent sur l'histoire des femmes, celle du genre ainsi que sur l'histoire politique et sociale de la Belgique. Elle participe activement à l'unité de recherches SAGES (Savoir, Genre et Sociétés) de la Faculté de philosophie et lettres de l'ULB et codirige la revue *Sextant*.

Wouter Van Acker est chercheur postdoctoral attaché à l'Université de Gand. Sa thèse est consacrée aux systèmes visionnaires et aux schémas de l'internationaliste et encyclopédiste belge Paul Otlet (1868-1944). Ses recherches portent sur l'histoire et la théorie de l'urbanisme, en particulier le mode spatial dans lequel l'information et la connaissance sont organisées, représentées et diffusées. Parmi ses publications : « Internationalist Utopias of Visual Education: the Graphic and Scenographic Transformation of the Universal Encyclopaedia in the Work of Paul Otlet, Patrick Geddes and Otto Neurath », in : *Perpectives on Science*, vol. 19, n° 1, 2011 ; l'édition du numéro « Information and Space: Analogies and Metaphors » du journal *Library Trends*, vol. 61, n° 2, 2012. Il travaille actuellement à l'édition d'un livre sur l'Exposition universelle organisée à Gand en 1913.

Guenaël Vande Vijver, historien et diplômé en sciences de l'information et de la documentation, a réalisé son mémoire de licence (Université libre de Bruxelles) sur l'action politique d'Henri La Fontaine. Il a contribué à la première biographie consacrée à cette personnalité, *Henri La Fontaine. Tracé(s) d'une vie* (2002). Il a travaillé à l'Écomusée du Bois-du-Luc, à l'Institut d'histoire ouvrière économique et sociale (IHOES) et au Forem (service public wallon de l'emploi). Il a étudié l'histoire des charbonnages en Wallonie et rédigé en 2006, avec Jean Puissant, un article consacré à l'impact de la catastrophe de Marcinelle dans les mémoires (téléchargeable sur le site de l'IHOES). Il a également travaillé à la préservation des archives orales en participant à la création de la plate-forme Mémoire orale. Il est actuellement responsable des bibliothèques de proximité du réseau louviérois de lecture publique.

Christophe Verbruggen est professeur à l'Université de Gand. Il est membre de l'unité de recherche sur l'histoire sociale depuis 1750 et de l'*Institute of Public History*. Il est spécialisé dans l'histoire sociale des intellectuels et des institutions culturelles. Ses recherches portent actuellement sur les dynamiques transnationales et les relations entre les intellectuels (1880-1930). Ses publications ont trait à l'histoire environnementale, à l'usage de la prosopographie et de l'analyse des réseaux dans la recherche historique et l'histoire sociale des écrivains.

Sources des illustrations

À l'exception de la liste ci-dessous, toutes les illustrations de ce livre sont issues des collections de la Fédération Wallonie-Bruxelles mises en dépôt au Mundaneum à Mons. Elles ne peuvent être reproduites, même partiellement, par quelque moyen que ce soit, sans l'autorisation écrite des propriétaires ou ayants droit.
- Pages 34 et 51 :
  Archives du Sénat de Belgique, Dossiers biographiques, n° 435 : Henri La Fontaine
- Pages 37, 38, 46 et 49 :
  Institut Émile Vandervelde

L'éditeur s'est efforcé de régler les droits des illustrations conformément aux prescriptions légales. Les détenteurs de droits que, malgré nos recherches, nous n'aurions pas pu retrouver, peuvent s'adresser à l'éditeur.

Remerciements

Merci à la Fédération Wallonie-Bruxelles, à l'équipe, au comité scientifique et aux administrateurs du Mundaneum, à l'Institut Émile Vandervelde, à la Section archivage et historiographie du Sénat de Belgique, aux auteurs des articles de ce livre, à Lisa Boxus et à notre éditeur.

mundaneum
www.mundaneum.org
+32 (0)65 31 53 43
Rue de Nimy, 76
B -7000 Mons

Le Mundaneum asbl est un centre d'archives privées subventionné par la Fédération Wallonie-Bruxelles, Direction générale de la Culture, Service du Patrimoine

Coordination
Jacques Gillen

Traductions
La traduction de l'anglais du texte de Christophe Verbruggen, Wouter Van Acker et Daniel Laqua a été réalisée par Élodie Vangheluwe, revue et corrigée par Jacques Gillen

Recherches iconographiques
Raphaèle Cornille et Jacques Gillen

Photogravure
Patrick Tombelle

Illustration de couverture
© François Schuiten

Conception graphique
Lisa Boxus, *(in)*extenso

www.racine.be
Inscrivez-vous à notre newsletter et recevez régulièrement des renseignements sur nos parutions et activités.

Toutes reproductions ou adaptations d'un extrait quelconque de ce livre, par quelque procédé que ce soit, sont interdites pour tous pays.

© Éditions Racine, 2012
Tour et Taxis, Entrepôt royal
86C, avenue du Port, BP 104A
B - 1000 Bruxelles

D. 2012, 6852. 47
Dépôt légal : décembre 2012
ISBN 978-2-87386-822-2

Imprimé en République tchèque